ェジュ】

ン

ポール=ロラン・アスン著
西尾彰泰訳

白水社

Paul-Laurent Assoun, *Lacan*
(Collection QUE SAIS-JE? N°3660)

目次

前書き　ジャック・ラカンと「フロイトへの回帰」

「もしあなた達がラカン派でいたかったら好きにしてください。私はフロイト派ですから」

これは、ジャック・ラカンが生涯を通して自身の弟子たちに語った言葉である。彼が望んだのはまさに、自分が「フロイト主義者」であると認められることであった。彼は、素朴なフロイト主義者であると同時に、ラディカルなフロイト主義者であった。ラカンが望んだのは、精神分析の歴史の中に自分の名が刻まれ、それが「人類の知」として認められることであった。

ところで、ジャック・ラカンの思想は、人類の知の代表である百科事典に収められるたぐいのものだろうか。もちろん収められる価値を有していると思われるが、ラカンは「百科事典化」に対する強烈な挑発、あるいはパラドックスを残している。たとえば、ラカンは、愛や憎しみではなく、無知を中心的な主題として据えていた（この点については、本文の中で明らかにする）。そしてまさに、このパラドックス自体が「ラカンの思想」として検討されなければならない。なぜなら、百科事典的知識主義は、ある種の夢想を含んでいるからである。夢想であるというのは、「すべてを知ること」、すべてを一つに結集することが不可能であるという理由からだけではない。むしろ、不可能であるということは、百科事典的知識主義の情熱をかきたて、飽くことのない「知の欲動」の原動力となっている。ラカンが夢想であると言ったのは、知の本質に欠如や不完全性が宿命的に含まれているからである。ラカンは、事ある毎に「百科事典的な無知」について言及している。すべてを知るという夢想に熱中したものの、結局のところ喪失感を体験するしかなかったブヴァールとペキュシェ(1)が、知に関する悲壮な事態を証言している。ラカンの「結局、私は何《ク》を知っ《セ》ているのだ《ジュ》ろう」という問いさえも、二十一世紀版のブヴァールとペキュシェの好奇心を満たすために、差し出されることになってしまうのだろうか。精神分析は、無知という有益なものを受け入れ、「知っていると想定される主体」を通して、無意識から真実を手に入れたというのに、この知さえも、これまでの知と同じように模倣されて百科事典の項目として並べられるに過ぎないのだろうか。

(1) フロベールの遺作となった未完の小説。ブルジョア精神、学問的虚栄、科学万能主義に対する強烈な風刺小説〔訳注〕。

「私《ク》は何を《セ》知ってい《ジュ》るのか」から「君《シ》は《リ》知る《セ》こと《ッ》が《ト》できる」へ

ラカン主義は、百科事典的な知とは一線を画している。むしろ、「知識の塊」に対して「ラカン」という隕石が衝突したことを記述することこそが、ラカン主義の本質である。私たちがこれを記述していく過程で勇気づけられるのは、ラカン自身が「知」の次元のものを認めようと努力したという事実である。Scilicet(シリセット)とは、「君は知ることができる」という意味のラテン語である。ラカンは、みずからが監修する雑誌を『シリセット』と名付けたが、それはラカン主義の成立において非常に重要な意味を有している。というのは、このタイトルをつけることで、フロイトがものにした「知ろうとする」ことの本質を確認し、それを再構成しようという意図を明確にしたからである。ラカンは Scire「知」に licet「認可」を与えることで、彼がみずからの知の書において、いずれ「認証される」者であることをアピールしたのである。実際、彼の著作である『エクリ』は、場合によっては「読まないほうがいい」と言われながら、良くも悪くも、その特異な形態によって図書館におさめられるべき本となっている。

ところで、この『エクリ』という本は、上手く書けていないというより、なかなか「良く」書かれており、むしろ故意に「充分まずく」書かれている。そして、この違いを理解するだけでなく、『エクリ』が呈している不調和の理由についても理解するべきである。というのは、精神分析が「科学の主体」だけを参照するからには、精神分析が知の外にあることはできないからである。しかし、この知の一貫性を過信すると、精神分析が依拠しているところの現実を骨抜きにするという致命的な危険を冒すことになる。つまり、フロイトの言う意味での無意識は「概念」ではない。ラカンは「無意識は知識《コネッサンス》ではありません、知《サヴォワール》なのです。引き出し一杯に詰め込まれているような、そういうものです」（AE、四三三）と述べている。したがって、百科事典の方が、ラカンやラカン主義を待望していたのである。さて、私たちも「ラカン主義」の扉を開くことにしよう。しかし、ラカンの言葉は、ユーモアとアイロニーが複雑に交錯していることに注意しなければならない。また、ラカンを「知の引き出し」に仕舞い込むようなことになってはならない。ラカンを使って引き出しにかかっている錠の錆を落とすのが、本書の目的である。

「ラカンの思想」とその対象

「ラカンの思想」の特徴は、やがて彼が提唱するところの「大学のディスクール」によってはっきりと姿を現わすだろう。本書の後半で述べるところを先取りすれば、「大学のディスクール」では、「執行者《アジャン》」の位置に「知」のシニフィアンを位置づけるからである。一方で、精神分析が扱い難いのは「分析のディスクール」における「執行者《アジャン》」の位置に、欲望の対象（対象a）が置かれているからである。そして、この欲望の対象こそが、ラカンによる精神分析への貢献の最たるものである。更に言えば、この対象は、精神分析以前のあらゆるディスクール、あるいは「精神分析もどき」まで、その射程に捕えている。しかし、ジャック・ラカンは、おもに大学という場所で、彼の精神分析理論を発表していたという本質的な矛盾が存在する。彼は「大学教員は、その構造から精神分析を忌み嫌うものです」と述べている（AE、四一二）。

「対象a」という概念は、ラカンの思想における大きな飛躍であったが、これは言葉にできないものを誤魔化して表現しているのではない。反対に、それは（現実においても、記述においても）厳密に「精神分析の対象」を成している。したがって、われわれは「ラカンの思想」を、「見せかけに陥らないディスクール」として特徴づけたくなる。いよいよ、われわれが「ラカンの思想」と呼んでいるものの輪郭が見えてきた。それは無意識についての理論であるというより、フロイトから生まれた新しい理解方法を用いて、「無意識」を引き剝がすような理論である。この考え方は、「ラカン主義」という言葉に騙されないことに役立つだろう。ラカンは次のように述べている。「もし、私がここで教えていることに少しでも価値があるなら、後世に『イズム』という接尾辞を付けてラカニズムと呼ばれるような手がかりを決して残すことはないでしょう」（セミネール七巻、一九六〇年五月二十五日）。

分断された著作

大学のディスクールという様式自体が難解なものであるが、この方法論的な難解さは、対象の難解さにも起因している。

まず、最初の障害として立ちはだかるのは、資料自身の問題である。そもそも、ラカンの著作について語るということは可能なのだろうか。というのは、ラカン自身は、博士論文であるパラノイア精神病についての論文を除けば、いかなるテキストも出版していないからである。しかし、彼のテキストが存在しない代わりに、私たちは二つの「かたまり」を手にすることができる。それが『エクリ』と名付けられた論文集――さらに、彼の死後『オートル・エクリ』という続編が出版された――と、彼の講義録（セミネール）である。

『エクリ』（書かれたもの）というタイトルが、ラカンの野心を何よりも良く表わしている。この言葉は、掟や預言者という言葉のように聖書的な言葉である。そして、彼の論文集の実体を最も上手く表現したタイトルでもある。彼は、一九七一年に次のように述べている。「私はみなさんが想像するほど引き合いに出される作家ではありません。そして私の『エクリ』は、みなさんが思うよりもアイロニーに満ちたタイトルだと思います」(AE、一二)。

とはいえ、一九四六年から一九六四年までのあいだに書かれた論文のうち、(彼が記した五〇の論文のうち)三四の論文が、『精神分析』誌などに掲載されている。また、二〇〇一年にジャック=アラン・ミレールの監修のもとで、一九三八年から一九八〇年の期間の論文が『オートル・エクリ』というタイトルで編集され出版されている。

さらに、と言うよりこちらが主だとも言えるが、彼の『講義録(セミネール)』が出版されている。彼は、講義の場において「ラカン思想」に活力を与えたのである。彼の講義は、一九五一年から一九八〇年頃まで続けられた。このセミネールは、ラカンのパロールであり、エクリなどの書かれたものに対して、語られたものとしての性質を持っている。講義の場は、ラカンが親方を務める職人たちのアトリエのようなものであった。しかし、忘れてはならないのは、彼の弟子たちや聴講者たちがこぞって参加したということである。彼の「セミネール」は一九五一年(公式には一九五三年)に始まり、一九八〇年まで続けられた。その二十六年間のセミネールは、五〇〇回以上の講義からなりたち、一九七三年から二〇〇一年までのあいだに、その全二五巻のうち九巻が出版されている。

ラカンの仕事はどこから始まり、どこで終わるのだろうか。主題の展開には、論理的な一貫性はあるのだろうか。『セミネール』は、主題に関するいくつものテーマを集めたものと言うにはほど遠く、むしろ毎年変更が加えられる探求の書である。変更が加えられるのは、パロールである以上避けることのできない性質である。そうした性質から、ラカンの仕事が批判的に捕らえられることもあるが、われわれは、ラカンの膨大な発見運動のうち、ほんのわずかしか探索できていないのである。まだ全体として読むことの出来ない著作の目次だけを持っているというのは、歴史の皮肉と言えるだろう。

「フロイトへの回帰」

ラカンの著作が分断されていると言われるのは、それが全体として何らかの統一性を持っているからである。では、ラカンの著作やセミネールの統一性はどこから来るのだろうか。それは、「フロイトへの回帰」という「スローガン」である。

このスローガンは、一九五〇年の中頃に、『フロイトの遺産、あるいは精神分析におけるフロイトへの回帰の意味』という表題で現われた。「フロイトへの回帰とは、フロイトの記述した意味へ立ち戻ると言うことです」(E、四〇五)と、ラカンは述べている。

そこには、フロイトの発見に対する個人的な転移を見て取ることができる。一九五七年、ラカンは次のように述べている。「フロイトがたった一人で、ひとつの科学とその応用領域を発明し、それまでには決して明らかにされなかった多くの現象を明らかにし、それらを組織的に関連づけたという事実は驚異的なことです。フロイトの天才的な著作は、火矢のように時代を駆け抜けました。彼の残した果実を収穫するためには、たくさんの職人が必要です」（エクスプレス誌のインタビューにて、一九五七年五月三十一日）。一九六四年、ラカン自身もこの孤独について語っている。「私はつねに精神分析的な動機に従ってみずからの理論を作り上げました。これは非常に孤独な作業です」。ラカンはフロイトに依拠しながらも、探求者としての孤独を背負っていくことになる。では、ラカンが一九六六年にピエール・ダイに向かって「私はフロイトを読んだ者です」と自己紹介したのは、謙遜からなのだろうか、自惚れからなのだろうか。ラカンはフロイトの読者以上でも以下でもないだろう。しかし、それは文字通りの意味で、ラカンがフロイトの読者であることを意味している。つまり、それまでフコイトは本気では読まれていなかったのである。

これで冒頭に引用した句を理解することができるだろう。「ひとたびラカン主義ができあがり、あなた方がラカン主義者になるというならそれも良いでしょう。私はフロイト主義ですがね」と、ラカンは言っているのだろう。つまり「ラカン主義者」であるためには、フロイトへの回帰が不可欠である。「ラカン主義」は、フロイト死後の思想の変遷という一般的な文脈の中に再び位置づけられ評価されることを望んでいる。しかし、そのことによって、ひとつの論理的な帰結が導き出される。それは、ラカンひとりが厳密にフロイト主義であろうとしたというならば、フロイト主義者であろうとする他の人たちは、みなラカン主義である可能性があり、そうでなければならないということになる。ならば、この帰結と、ラカンが断固とした調子で言ったように「フロイトはラカン主義ではありませんでした」（セミネール二十二巻、一九七五年一月十三日）と言ったことを、どのように符合させれば良いのだろうか。

「フロイト主義」とポスト・フロイト派のあいだ

ラカンの思想は、フロイト主義の流れの中に位置づけることができる。ラカンは、次のように述べている。「私は、フロイトが考えたこと――私は模倣者なのです――の一貫性や堅固さを明らかにしようとしたのです」（フロイト派の手紙、一九七六年十一月二日）。実際、ラカンは「ポスト・フロイト派」の中で、例外的な位置を占めている。ラカンは、偉大なポスト・フロイト派の分析家を頻繁に取り上げている。メラニー・クラインからマイケル・バリント、ドナルド・ウィニコットまで、そして目立ちはしないものの他の分析家たちも彼の問題定義に貢献している。したがって、彼らの存在を、ラカン思想の鍵となる概念と関係づけて解釈する必要があるだろう。しかし、ラカンの野心は「フロイトの遺産」を手に入れること、つまり自分が唯一の重要なフロイト派の分析家であるという自惚れを満たすことであった。他の分析家の思想を取り上げたのは、フロイトの貢献を浪費して、その警告的な機能が失われるのを避けるためであった。したがって、ラカンの野心は、想像的な威光を身にまとっている彼の著作の至るところに表われている。

「ラカンの格言」と呼ばれる一連のショッキングな表現が、その例である。「ランガージュとして構造化された無意識」、「大文字の他者のディスクールとしての無意識」といった華やかで謎めいた表現は、これこそが「ラカン主義」だと単純化したい誘惑に陥れようとする。こうした格言は、彼の探求の道をわかりやすく示し、記憶に留めやすくするために用いられている。したがって、私たちは、その華やかさに目を奪われず、これらが現実に意味するところを検討する必要があるだろう。実際のところ「フロイトへの回帰」は、現在の分析的な行為を引き受けることである。フロイトを（再び）読み、それを再び燃え立たせるものにするには、フロイトのテキストに繰り返し空気を送り込んで、そこにくすぶっている火種を大きくしなければならない。

結晶化したゴンゴリスモ

しかし、ここに悪名高きもう一つの障害がある。それは、ラカン独特の難解な表現様式である。彼自身、この点に関して「いわゆる、精神分析のゴンゴラといえるものですが、どうかよろしく」（E、四六七）と皮肉っている。ラカンの表現は、文学的な懲りすぎ、不明瞭さ、複雑さ、反語、撞着、言語新作、合成語などに満ちており、これらは十七世紀のスペインの詩人ルイス・ドゥ・ゴンゴラの様式に倣った非常に気取った文体である。こうした難解な表現は、彼にとって「上手く言う」ために支払われなければならない代償であったのだろう。ともあれ、ラカンを理解するためには、「入門有資格者」に助けを求めるなどして、「その道に入ってしまう他にはない」（AE、二八四）。

実際、盗まれた手紙についての考察のときに、ラカン自身が皮肉を込めて語るように、その時には、ほとんど理解できないように見えたことが、やがて水晶のように明快になるのである。ラカンは一九七四年に次のように述べている。「私が書いたことが、すべての人にとって明快なものとなるには一〇年もあれば充分です」（AE、五四四）。確かに、ラカンの死から一〇年が経過し、彼の表現様式は市民権を得るようになってきた。フロイトも同じである。フロイトは精神分析を導入するにあたり、秘技を伝授するような性質が避けがたくつきまとうことを読者に弁解している。実際、ラカンは「もってまわった言い方をしている」ように見える。しかし、それはフロイトの知の「アガルマ」を卑属化から守るために必要と思われたのであろう。これは、フロイトの対象が卑俗化を嫌うということを思い出させるためでもあったが、フロイトを理解するためには、「ラカン主義を語る」ことを学ばなければならないということにもなってしまった。ラカンは、彼の著作の中にしか存在しない言葉を数多く作り上げた。こうした言葉も、分析用語の下位システムに位置づけられる。たとえば「愛憎 hainamoration」、「サントーム sinthome」などがある。また、良く知られている言葉のいくつかに、特別な綴り字が与えられることもある。たとえば、「dit-mension 辞―元」、「disuque-ourcourant 日常のディスク・ウール」などである。ラカンのもうひとつの特徴は、トポロジーからフレーゲの論理学に至るまで、科学分野でしか用いられない言葉を好んで用いたことである。まるで、存在しないはずの「メタランガージュ」を支配しようと躍起になっているように見える。

これほど難解なディスクールにも関わらず、ラカン自身が認めるように、それが「模倣」と「盗作」の対象となったことはおおいなるパラドックスである。まるで人びとがラカンを理解しないまま模倣していたかのようである。また、フロイトの言葉とラカンの言葉は、実に対照的である。フロイトの著作が精神分析に役立つようにゲーテ風の言葉使いで明確に記述されているのに対して（フロイトはゲーテ賞を受賞している）、ラカンの文体は凝りすぎである。しかし、この言葉の複雑さと引き替えに、フロイトの言葉の真の複雑さを理解することができる。読者は、ラカンを「翻訳する」とき、フロイトをもう一度読む必要に迫られる。すると、フロイトは書いたもの以上に多くのことを語ったという事実が明らかになるだろう。「ラカンの格言」は、テキストの難解さに対する償いのようでもある。ラカンは、みずからの思想内容を、文学的で暗号化された「格言」という形で表現する必要があったのではないだろうか。私たちは、彼が厳密に思想を展開しようとした努力が、彼の概念に分かちがたく結びついていることを理解しなければならない。

パロール（語られたもの）とエクリ（書かれたもの）

ラカンの著作において、パロールとエクリの関係はどのように理解したらよいのだろうか。

まず、ラカンの主たる功績は、パロール（語られたもの）において構成されている。ラカンにとって、エクリ（書かれたもの）は残り滓に過ぎない。これは、ジョイスが a letter（文字）という言葉から同音異義語の a liter（ごみ）へと横滑りさせた表現からの借用である。

また、パロールの利点は教育《アンセヌモン》へと還元されないことである。「私は、自分のディスクールが教育として捉えられることを、全く望んでいません」（AE、二九八）と、ラカンは一九七〇年に語っている。ラカンはよく「自分の教え《モン・アンセヌモン》」と言っているが、同時に、教えが「知に対する障壁となり得る」ことにも言及している。なぜなら、人は導かれるままに理解するものだからである。「私は、私の知の範囲でしか教化されません。ずっと以前から皆さんも知っているように、私の教えは、私自身に教えるためのものです」（AE、二九九）。

実際、ラカンが自分の教えである、彼のセミネールを始めた時、彼は五十歳になったばかりであった。そのとき、彼自身も聴講者である被分析者の位置にずっと身を置きながら講義を行なっていたのである。「教育しようとするならば、分析的なディスクールによって、精神分析家が被分析者の位置に導かれなければなりません。見かけとは違って、精神分析では支配できるようなものを何も作らないようにしなければなりません。そうでなければ症状になってしまいますから」（AE、三〇四）。

ラカンの斬新さは、教育者のパロールと症状を関係づけて考察したことにある。このことによって、ラカンは真の探求者となったのである。「教師」は語りながら、その言葉を支える字句を（黒板に）書く。すると、生徒たちは「書かれたもの」は、きっと「語られたもの」よりも重要だと考えてしまう。しかし、本当は書かれなかったものこそが重要である。ラカンは声であった。

進歩する仕事：探求の理論

「ラカン思想」は、その表現様式が難解なだけではない。それと同じほど、本質的な難解さに直面している。と言うのは、何かを書くということは、「個人言語」でありながらも、同時に伝達手段だからである。ラカンの著作には、なにか掘り出し物を見つけるような楽しみがあるが、一方で、それらを極限まで理論化し、形式化したいという情熱も満ちあふれている。

よく知られているように、ラカンは、読者がそれに慣れなければならない記号やグラフを利用することを好んだ。彼の提案した概念の頭文字をとったR／S／I、S、a、A、更にS1、S2などである。こうした謎めいた記号を使いこなすためには、ラカンが現実界を描き出すために、どうしてこれらの要素を必要としたのかを理解して、「ラカン思想」の流れの中に位置づけることが必要である。そうした作業によって、ラカンの知における「文字の審級」が見えてくるだろう。ラカンがフロイトについて語ったことは、ラカンにもいっそう当てはまる。まず、ラカン（及びフロイト）を理解してから翻訳する必要はない。翻訳しながら「理解」すればよい。

臨床的現実を解読するためには、ラカンの「言葉遊び」や彼の作り上げた諸要素、そしてその規則に親しむ必要がある。だが、これほど強固な城壁に囲まれているラカンをどのように紹介すればよいのだろうか。ラカンを紹介するということは、彼による進歩の歩みを復元することである。ラカンは、フロイトのように、しかし全く違った歩みで、みずからの思想をより良く説明するために、みずからが「獲得したもの」に根気よく立ち戻っている。まず、フロイトがみずからの発見に道標を立て、それをラカンが再記述し定式化する。そして、最後に、ラカンは自分自身の発見を再記述するのである。したがって、これらの進歩の意味作用を通時的に捉えることが必要不可欠である。しかし、決定的な進歩は至るところに転がっているのである。そうした事情を踏まえ、フロイトは「分析的な仕事」について、「しっかり日付を記述する」することを勧めている。分析の原理は、つねに手を加えられながら形を変えていくものだからである。それはラカンにおいても同じである。ラカンは、一九六七年に次のように警告している。「私が生きているうちは、決定的な定式を得ることができないと思ってください」（『精神分析についての小講義』）。定式を決定的なものとして受け取ることは、それを死んだものとして受け取ることである。したがって、新しい主題やキーワードが、どこで現われたかに注意しなければならない。そのため、鍵となる概念が現われた日付を記述することは、――その概念を力動的に再構成することになってしまうが――、その表わすところを捉えるには有効な手段である。

ある意味で、初期ラカンがあり、次に中期、後期のラカンがあると言えるだろう。ラカンの著作を時期別に捕らえようとすることは無益なことではない。確かにラカンは、ハイデッガーを注釈するときには、同じ事（das Selbe）しか語ろうとしなかった。しかし、時期が違えばそれは全く同じもの（das Gleiche）ではない。彼の内的力動をそれぞれの次元に統合しながら、全体の功績を考慮すべきである。

一方で、ラカンによる進歩を対置させながら、文字通りの意味で「フロイトへの回帰」を受け入れる必要がある。「フロイトへの回帰」によって、フロイトのオリジナリティを考察しながら、フロイトの投げかけた問いを再び受け取ることができるのである。別の言い方をすれば、フロイトを参照しながらラカン思想を位置づけること、つまり、場合によってはフロイト思想に新しいシニフィアンを補わざるを得ない状況を認めることなしに、ラカンの試みを理解するのは不可能である。ラカンによる進歩を総括するためには、それがどの点においてフロイトのメタ心理学を変更しているのかをつきとめなければならないだろう。

結局、ラカン思想の主な特徴をまとめると、フロイトがメタ心理学的な「基本概念」を作り出すのに対して、ラカンは、基本的な理論的シニフィアンと呼ばれるものを作っていくことである。このシニフィアンは、さまざまな方法で用いられるが、厳格な規則のもとに置かれている。そして、（象徴界、シニフィアン、欲望）など、ラカンが作った言葉は、「誰かの知的〈お守り〉や〈基準〉としては、決して役に立たないものである」（セミネール七巻、一九六〇年五月二十五日）。

私たちが望んでいるのは、ラカンの功績をひとつのまとまりとして特徴づけることである。したがって、本書の各章はラカンの功績における変遷をすべて統合するよう構成されている。また、当時の「歴史的な」反発や巻き返しについても言及している。本書の各章は、それぞれひとつの次元に対応すると同時に、ラカン思想全体にもつながっている。したがって、読者は各章間に流れる力動を感じ取って、ラカン思想を判断してもらいたい。迷宮の数ある入り口のどれから入っても、全体を参照することができるようになっているはずである。

本著の見取り図

まず、ジャック・ラカンの思想的道のりを一覧的に紹介しているプロローグから読み始め、次に、第一部でラカン特有のフロイト再読法の基礎を理解するのが良いだろう。彼の思想の基点とも言える鏡像段階論を知らずにラカンの思想に入っていくことは不可能だからである。この鏡像段階論は、鏡像の構造論（一章）と、ランガージュを無意識と定義するシニフィアンの理論（二章）で展開されている。イマージュ（像）とシニフィアンは、ラカン理論を構成する二つの重要な極である。

次に、象徴界という概念と、その相関物である父の名が明らかにされる（三章）。象徴界は、「ラカンの知」の拠りどころである想像界、象徴界、現実界という基本的な三つ組構造の一角であり、これらが現実界という難題への道を開くことになるだろう（四章）。

第二部では、超越論的というよりも実証的な枠組みによって、欲望の三次元を巡って展開される役割分析が紹介される。他者の理論（五章）、対象の理論（六章）、主体の理論（七章）である。私たちは、こうした形而上学的な概念が生み出された背景を理解しなければならない。この中でも、他者への参照という考え方はとくに重要である。この概念は、ラカン思想にとって必要不可欠だが、同時に融通の利く概念でもある。読者が、さまざまな要素からなる特別なシニフィエをあてがわれたこの言葉を理解するのに迷い、「ラカンにとって他者とは何だろう」と自問するのも当然である。しかし、象徴界や父の名という概念に触れずに、他者について考察することなど不可能である。また、想像界や象徴界を参照することなく、主体について語ることができるはずもない。そして現実界と享楽を考慮せずに、対象についで考察するのも同様に不可能である。つまり、重要なことは、多様かつ厳格なこれらの概念の繋がりや、それらの相関物を一貫したものとして理解することである。

第三部では、これまでに紹介した概念を用いて、ようやく神経症、精神病、倒錯を構造的な精神病理学として秩序づけていく（八章）。転移と「分析家の欲望」の二極から、分析的行為そのものも考察される（九章）。

こうして、ラカンの本当の野心、つまり精神分析やメタ心理学を、みずからのマテームに置き換えて記述しようという野心を評価できるのである（十章）。

ラカンの思想全体を濃密に体験していく際に、心に留めておかなければならないことがある。それは、ラカンが臨床から出発しているということである。つまり、ラカンが精神病と向き合っているという事実と、自分は分析家の行為を理論化する分析家であると述べているという事実である。ラカンは次のように述べている。「このように理論を練り上げるにあたって、いったい私は何者なのでしょうか。答えは単純です。分析家なのです」（AE、三三八）。「効果を上げることのできる分析家とは、同時にその効果を理論化できる分析家のことです」（セミネール二十二巻、一九七四年十二月十日）。彼が開発した道具、すなわち哲学や科学から借りてきた多くの用語は、この「対象―問題」に対する分析的な道具をより鋭利にする為に使われている。

ラカンの分析に対する膨大な功績、そして彼の有り余る野心を「クセジュ」と名付けられた小さな文庫の中におさめることなど、できない相談であるかもしれない。しかし、希望はある。というのは、ランガージュは無限の複雑さを持ちながらも、音素母型を再構成している最小の宇宙に収めることが出来るものだ、と他ならないラカン自身が述べているからである。これは、ラカンの言語にも当てはまるだろう。したがって、われわれは、ラカンの功績についての導入的な説明に留まらず、彼の豊富な思想全体を把握し、各方面に広げられた領域についても探求を進めていくつもりである。われわれに許されているのは、フロイトからラカンへの系譜を位置づける、緻密で息の長い個人的な探求や教育だけである。本書では、ラカン思想の神髄を見失わないように、また、それぞれの次元へどう展開されたのかを把握するためにも、彼の著作や発言に日付を振るように心がけている。本書は、初学者がラカンの世界に入っていけるように書かれているが、あまりにも単純化しないように心がけた。また、研究者がラカンの諸概念について調べやすいように、自由に「進む順番」を決めることができるようになっている。また、フロイトからラカンへの移行によって、何を得ることができたのか、何を失ったのかについても検討を行なった。と言うのは、フロイトからラカンへの移行については、しばしば問題定義されているが、それについて考察されたり、分析されることは非常に稀だからである。したがって、本書はラカン主義を理解するために必要なことを導入すると言うより、彼のテキストに沿って、その意味と動きを追いながら、ラカンが名を結びつけたモノ自身へと導き入れることを目指していきたい。

プロローグ　ラカンの人生と業績

「発表当時はまったく受け入れられなかったにも関わらず、後になって、発表された日付までも書き残されることがあります。もっとも、それは私にとって後悔の記憶ですが……」（E、二二九）

名前とモノは分かちがたく結びついている。そこで、私たちは、ラカンの人生を彼の著作と結びつけながら取り上げていきたい。病跡学的な視点を無視することになってしまうが、著作における力動を位置づけるために、ここでは非常に単純化した視点を導入することを容認して欲しい。共時的に再編成して検討するより前に、まずは通事的に検討しなければならないと考えるからである。そのための唯一の方法とは、テキストを時系列に検討することである。

ジャック・マリー・ラカンは、一九〇一年四月十三日に生まれ、一九八一年九月九日に死去した。彼の人生を、幾つかの大きな区切りによって分けて追っていこう。

最初に彼の人生について述べるのは、ある人の思想を理解するのに、その人生の出来事など外在的な要素を無視することなど決してできないからである。ジャック・ラカンは、アルフレッド・ラカンの息子として生まれた。ラカン家は、オルレアンで酢の製造を生業としていた。ラカンは、イエズス会のスタニラス中学を卒業した。その頃、彼の父親は、マスタードの取引で生計を立てており、ラカンはそれを継ぐこともできたのである。また、ラカンの業績は、カトリック主義との決別から生まれたとも言える。というのは、彼の七歳年下の弟であるマルク・フランソワは、オートコンブ修道院の修道士であった。マルク・フランソワは、修道士として一九九四年に没した。青年時代のラカンは、文学と哲学に熱中していた。彼は、スピノザとニーチェを読み、哲学の特別授業を専攻した。その後、彼は一般医学と精神医学を修めたあと、パリの病院で実習を行ない、精神科病院でインターン研修を行なった。また、神経学領域では、パリノー症候群の研究を行なった。理学部でコーレリーの授業を、文学部でエティエンヌ・ジルソンと、レオン・ロバンの授業を専攻した。彼は、アドリエンヌ・モニエが経営する書店に足繁く通い、一九二〇年代には、シュールレアリストたちと親交を深めた。それは、雑誌『ミノトール』が出版される以前のことである。ラカンは、ジョイスの『ユリシーズ』の読書会に参加し、『ヌイイの灯台』の中で、『非合理的断絶』という表題の詩を発表している。一九二〇年代終わりの、象徴主義に影響を受けたこれらの詩は、ラカンの言葉と形式への情熱の最初の現われだったかもしれない。あるいは、『言葉から思想へ』というフランス語文法について注目すべき著作を記したエデュアール・ピションとジャック・ダムレット、その同調者であるシャルル・モーラスらが表わした「ラングへの愛」であったのだろうか。

一九二六年から一九三一年にかけて、ラカンは精神医学領域でいくつか論文を執筆したのち、パラノイアに関する医学博士論文を執筆した。ラカンは、この博士論文をフロイトに送ったが、フロイトは、それに対して「博士論文をお送りいただき感謝します」とだけ書いて返信した。これが、ラカンとフロイトの唯一の接触である。フロイトは、一九三八年に亡命するために、パリに立ち寄ったが、その時もラカンと直接会う機会はなかった。フロイトの亡命を手引きしたマリー・ボナパルトとラカンの関係が良好とは言えなかったからである。一九三四年に、ラカンはマリ＝ルイズ・ブロンダンと結婚した。しかし、彼が人生を共にするのは、シルヴィア・バタイユとである。シルヴィアとは一九三七年に出会って、一九五三年に結婚している。アンリー・クロードの生徒として、ラカンはサン・タンヌ病院で精神疾患や脳神経疾患の臨床を行なった。ラカンがとくに専念したのは、統合失調症とパラノイアの治療である。サン・タンヌ病院で、ラカンはアンリ・エーと知り合い、ジョルジュ・デュマや、ジョルジュ・ユイアー、ガエタン・ガティアン・ドゥ・クレランボーの講義を受講した。とくに、クレランボーについて、のちに『私たちの先駆者』（E、六五）の中で、クレランボーの「精神自動症」の概念が臨床的「構造分析」の前提となる理論であったこと、ラカンにとって「たった一人の精神医学の師匠であった」ことを述懐している。その後、ラカンは県警の特別医務院から、アンリ・ルーセル病院へと渡り歩いた。この期間は、ラカンがとくに臨床の研鑽を積んでいた時期である。彼は一九二八年に、医学誌『精神医学の革新』のグループに参加した。これはその名の通り、精神医学を刷新していくことを目的とした雑誌であった。この雑誌の一九三六年号に、ラカンは『現実原則の彼岸』という論文を掲載している。

ラカンは、一九三三年から一九三四年にかけて哲学研究グループに所属し、一九三七年には、ジョルジュ・バタイユや、ミシェル・レリス、ロジェ・カイヨワらが創設した社会学研究会の活動に参加した。

そして、一九三四年から一九三六年に、高等研究院で、アレキサンドル・コジェーヴ（一九〇二年～六八年）と出会った。「私がヘーゲルに導かれたのは、師匠であるコジェーヴのおかげです」（AE、四五三）とラカンは述べている。高等研究院での教育は、欲望の働きを共同体において叙述するという点から、彼の欲望の理論に、一時期、大きな役割を果たすことになった。（『ヘーゲルとフロイト、解釈的な比較』）。アレクサンドル・コイレの著作も、認識論的な地平において、または哲学的仲介者として、ラカンに決定的な影響を与えた。その後、一九五五年に、ラカンはハイデッガーの思想と出会った。ラカンは、ハイデッガーのテキスト『ロゴス、モイラ、アレテイア』の前半三分の一にあたる『ロゴス』の翻訳を行なっている。これは、ヘラクレイトスとパルメニデスが残した断片に注釈を入れたものである。そして、この出会いは、一九五六年に、モーリス・メルロ＝ポンティとの哲学的友好というかたちで結集していくのであった。

一九三二年は、非常に重要な年であった。ラカンが博士論文『人格との関係からみたパラノイア性精神病』（ル・フランソワ社）を出版した年だからである。また、六月からルドルフ・レーヴェンシュタインによる教育分析をうけはじめた。これは一九三八年の終わりまで続けられた。しかし、レーヴェンシュタインの教育分析は、ラカンとのあいだに相当に大きな不和を生み出すことになった。しかし、この失敗はラカンにとって何の妨げにもならなかった。むしろ、彼が望んだことでもあった。ラカンは、一九二六年に設立されたパリ精神分析学会の正式会員となった。これを助けたのがエデュアール・ピションである。

次に重要な年となったのが、一九三六年である。この年、ラカンはマリエンバートの国際精神分析学会で、鏡像段階について、はじめての発表を行なった。結果は大失敗であった。一九三六年八月三日のことである。ラカンは、十五時三十分から十五時四十分までの、わずか十分しか発表を許されなかった。議長のアーネスト・ジョーンズが、（ラカンによれば）何の配慮もなく途中で中止させたからである。この発表原稿は失われてしまっている。この年から、ラカンは精神分析家として活動をはじめた。

ラカンはヴァル・ド・グラース陸軍病院に一九四〇年まで動員されていた。戦後、ロンドンに旅行に出かけたあと、『イギリスの精神医学と戦争』（一九四五年）について、それを賞賛する論文を書き上げて帰国した。ラカンが賞賛したのは、ウィルフレッド・ビオンとジョン・リックマンによる、「ショックを受けて使い物にならない」兵士たちの治療に関する研究である。これは、バーミンガムに近いノースフィールド病院で行なわれていた。その後、ラカンはサン・タンヌ病院に戻り、診療を再開した。その後、ドミエヴィルと共に中国語の講義を受講した。ドミエヴィルは、ラカンに「文字」の手ほどきした。ラカンがクロード・レヴィ＝ストロースと出会ったのは、一九四九年ことである。一九五一年に、ラカンはリール通りの三番の部屋でみずからのセミネールを開講した。一九五三年から一九六三年のあいだ、セミネールはサン・タンヌ病院のジャン・ドレーの教室で続けられた。一九六四年から一九六九年のあいだは、高等師範学校において、一九六九年から一九七九年にかけては、法学部の教室でセミネールは続けられた。一九七二年には、サン・タンヌ病院への復帰を果たし、礼拝堂でセミネールを行なった（『精神分析家の知』）。ラカンは、長期にわたってセミネールを続けることができたが、さまざまな場所を転々とせざるをえなかった。この二つの事実は、はっきりとしたコントラストを成している。ラカンは、巡回する教師―研究者として現われたが、それには必然性があった。ラカンが一九六六年に記述しているように、「自分たちの仕事に取りかかるために、精神分析の教育がいかに不充分なものであるかを明らかにしなければならなかった」（AE、二一六）からである。

一九五三年、ラカンはSPP（パリ精神分析学会）の理事長に選出された直後に、精神分析家の育成や、分析のセッションの長さの問題で学会と意見が折り合わず学会を離脱する道を選んだ。これは、サッシャ・ナシュトが独自の精神分析協会を作ったあとのことであった。ダニエル・ラガーシュ、フランソワーズ・ドルト、ジュリエット・ファヴェの離脱のあと、ラカンは、ブランシュ・ルベルション＝ジョーヴを伴って、彼らのグループに合流し、その協会の代表となった。それが、SPF（フランス精神分析学会）である。そこで、ラカンは『精神分析における言葉と言語活動の機能と領野』、通称『ローマ講演』において、フロイトへの回帰を表明した。一九五三年九月のことである。この講演は、『精神分析』に掲載され、出版された。『精神分析』は、ラカンの庇護のもとに作られた雑誌である。一九六〇年のボンヌヴァルにおける学会での発表が、ラカンらの研究グループのいわば最盛期であった。一九五五年七月二十六日、ラカン（SPF）は、IPA（国際精神分析学会）への合流を拒否されたのである。

一九六三年から一九六四年にかけての時期は、組織として激動の時期であった。まず、一九六三年十一月に、セルジュ・ルクレールや、ウラジミール・グラノフ、フランソワ・ペリエらによる長期間の裏工作にも関わらず、国際精神分析学会から離脱させられた。更に、テュルケの委員会から批判的な報告が出され、ラカンは教育分析家としての資格を喪失することになった。彼は、一九六四年六月二十一日に、フランス精神分析学派を設立、それが同年九月に、ＥＦＰ（パリ・フロイト派）となったのである。その時、残ったＳＰＦのメンバーによりＡＰＦ（フランス精神分析協会）が創設され、こちらはＩＰＡの承認を得ることができた。ついに、ラカン主義は、精神分析の世界を追放されるに至ったのである。ラカンは、これを「英雄」と同じように「咎め無く裏切られるもの」と定義した。

一九六六年十一月十五日は、『エクリ』が出版された年である。テキストにおけるラカン思想の変遷と、フランス思想に対する共鳴を読み取ることができる。この年、ラカンは高等研究実習院（第六セクション）で講義を受け持った。また、ウルム街の高等師範学校でも講義を担当した。これは、ルイ・アルチュセールの計らいによるものである（このセミネールは一九六四年から一九六八年まで続いた）。ジャック＝アラン・ミレールがラカンと出会ったのは、一九六四年一月に、この場所においてである。ミレールは、一九七三年から、ラカンのセミネールの「筆写家」になった。ラカン思想は、パロールから書かれたもの（エクリ）へと移行したのである。しかし、それはラカンが熱心に指摘していたことだが、「出版publication」によって、それが社会的な「ゴミ出し出版poubellification」に陥ることを引き受けることでもあった。なぜなら、「出版するpublier」ことは、言葉で発せられたことを「忘れるoublier」ことだからである。一九六七年、ラカンはあの有名な「パス」を提案した。雑誌『シリセット』が、一時中断したものの、一九六八年から一九七六年にかけて出版された。この雑誌は、非署名の論文が集められたという点で特徴的である。しかし、ラカンの論文だけは、例外的に署名入りで掲載された。一九六七年に、ラカンはローマ大学で講演をする機会を持った。いわゆる「第二ローマ講演」である。この講演の表題は、『精神分析、失敗する理由』という矛盾に満ちたものであった。

一九六八年の五月以降は、内部分裂の時期であった。一九六九年には、「パス」の問題を巡って、「第四のグループ」(OPLF)がEFPから独立して結成された。これにより、SPP、APF、EFPと共に、現存するフランスの精神分析組織が出そろった。この時期は、ディスクールの理論を練り上げるために使われた。また、一九七〇年代のセミネールは、トポロジーを取り入れた大転換期であった。数学者であるピエール・スーリとの出会いが重要な役割を果たした。

一九八〇年一月五日、EFPの会員に、ラカンから組織の解散を知らせる手紙が送られた。そして、彼はCF(フロイトの大義)を結成した。これは、まるで病に冒されて我を忘れた行動であるかのように見えた。EFPの『解散』は、一九七九年から一九八〇年にかけて行なわれたセミネールのタイトルにもなった。これは、ラカンが組織におけるゴルディアスの結び目を断ち切ったことを示している。また、ラカンの死後、この解散劇はラカン主義運動の分裂を引き起こし、論争の的となった。

この道程から導き出せるのは、以下のような事実である。第一に、ラカンのパロールは一時的に中断されることがあったということである。中断は繰り返され、少なくとも四回を数えることができる。中断される度に、彼のテーマは革新された。一九三六年三月のマリエンバードでの講演は、一九四六年まで、ラカンが「砂漠の横断」と呼ぶ新しい苦難の道を開いた。一九五三年六月に、SPPの分裂によって、ラカンはセミネールを開講するようになった。また、一九六三年冬のIPAからの除名によって、彼は分析家の資格授与権を失ったが、セミネールの聴講生が一般へと開かれる契機となった。一九六九年六月に、「反啓蒙主義」（！）と言われ、高等師範学校の講堂から追い出されたことも、ひとつの転機となった。一九六九年の新学期から、ラカンの庇護のもとに、パリ・ヴァンセンヌ第八大学に精神分析学科が開講された。セルジュ・ルクレール、後にジャック＝アラン・ミレールが責任者を努めた。これは、ラカンと大学との出会いであった。最後が、一九八〇年一月の「自己疎外」である。ラカンは、みずからの学派を解散させてしまったのである。

セミネールと名付けられた彼の講演は、まったく独創的なものであった。彼はセミネールの中で、「ラカン思想」を体現化し続けたのである。

ラカン自身の定義によると、彼のセミネールは、「フロイトのテキストに対して、規定の注釈を入れていくこと」を目指している。ラカンは、セミネールにおいて、「有害で鈍っていくばかりの精神分析の実践に対して、明白な原理、教義、実践を発展させた」（『EPHE候補のためのカリキュラム』より）のである。セミネールは、伝達や研究のための装置以上のものであり、発見したことを自由かつ厳密に練り上げる場所であった。そこで、参加者たちは、日常的に幸運な発見に浴することができた。逆説的な事実だが、セミネールは、まとめ上げて出版されたものとしては存在しなかった。それは、ラカンが「ゴミ箱出版」の運命から逃れようとしたからである。結局、ラカンのセミネールが出版されるようになったのは、彼の死後二〇年を経てからのことである。

パロールが中断される度に、彼はトラウマを伴わずにはいられなかったが、その研究はますますラディカルなものとなり、留まることはなかった。ラカン思想の対象を位置づけるには、セミネールの大まかな動き、これらが構成される場を把握することは必要不可欠である。彼の膨大な思想体系を描くためには、その思想が誕生するところを知る必要がある。

前述の転換期が、いずれもはっきりした痕跡を伴っていることは偶然ではない。彼のセミネールは三つの時期に分けることができる。

・第一期：セミネールが始まった時期（一九五一〜五三年）から、中断された時（一九六三年）まで。この時期、ラカンは分析家たちだけに語りかけていた。

・第二期：一九六四年から、一九六八年あるいは一九六九年まで。この時期から、ラカンは「すべての人」に語りかけるようになった。

・第三期：一九七〇年から一九七九年まで。この時期から、ラカンは、「理解できる者」、あるいは「大文字の他者」に向けて語るようになった。

第一期は、ラカンが分析的行為を整備した時期である。これは、『フロイトの技法論』や『フロイト理論と自我の分析』（一九五三〜五五年）のセミネールを通して行なわれた。精神病の問題が刷新されるのは、次の『精神病』（一九五五年〜五六年）のセミネールにおいてである。その後、理論的な探求へと方向転換された。『対象関係』（一九五六〜五七年）、『無意識の形成』や『欲望とその解釈』（一九五七〜五九年）のセミネールである。後二者のセミネールにおいて、ラカンは「欲望のグラフ」を作り上げた。

これは、定式化されたものとしては、はじめての理論的モデルである。これらの理論化の恩恵により、再び分析的行為が根本的に問い直された。『精神分析の倫理』や『転移』（一九五九〜六一年）のセミネールにおいてである。こうした実践的な考察を経て、第二の理論的発展がもたらされた。その大きな二つのテーマが、『同一化』と『不安』（一九六一〜六三年）である。この二つのテーマは、同名のタイトルを付したセミネールにおいて考察された。トポロジーが参照されるようになったのも、この時期である。

第二期とは、一九六三年の歴史的断絶以降を指す。『精神分析の四基本原理』、『精神分析にとっての重大問題』、『精神分析の対象』（一九六四〜六六年）と題されたセミネールにおいて、新しい教育計画が検討された。フロイト思想に対するラカンの考察をテキストで表明した『エクリ』が出版されたのもこの時期である。これに続き、『ファンタズムの理論』（一九六六〜六七年）や『精神分析的行動』（一九六七〜六八年）において、実践―理論的な発展があった。一方で、『大文字の他者から小文字の他者へ』（一九六八〜六九年）において、新しい断絶が開かれるという二重の側面を持っていた。

第二の断絶以降が第三期である。この時期は、精神分析におけるディスクールが定められた。『精神分析の裏』（一九六九〜七〇年）にはじまり、『似姿でないようなディスクールについて』（一九七〇〜七一年）、『あるいはもっと悪く』（一九七一〜七二年）へと続く。後者の中で、マテームの概念が現われた。次に、『アンコール』（一九七一〜七二年）において、性別化の形成の問題が検討された。同時に、『シリセット』誌において、『エトゥルディ』が発表され、『欺かれぬ者はさまよう』（一九七二〜七三年）、『ＲＳＩ』（一九七三〜七四年）、『サントーム』（一九七四〜七五年）のセミネールにおいてトポロジー的な読解が進められた。とりわけ、『サントーム』は、理論面における最高傑作である。その後、『結論のとき』（一九七七〜七八年）、そして、『トポロジーと時間』（一九七八〜七九年）へと続いた。最後のセミネールは『解散』（一九八〇年）である。

この時期、ラカンは、対話式の三部作のテキスト、『ラジオフォニー』（一九七〇年）、『エトゥルディ』（一九七三年）、『テレヴィジオン』（一九七四年）において、みずからの理論の要約を提供していることも忘れてはならない。

「ラカン思想」は、精密かつ厳格な形式主義を、『エクリ』／『セミネール』という表裏一体の二つの方面で展開した。また、これは進歩する仕事であった。ジョイスの表現は、おおいにラカンに適用された。セミネールはこの運動の肝であった。フロイトが、その時考えていることを位置づけるために、自分の著作につねに日付を打って読者を助けたのと同じように、ラカンの言表に対応する時期を把握することは、必要不可欠な作業である。これは、あらゆる研究において最低限の重要な作業である。したがって、読者は次頁から示す表を参照して欲しい。セミネールの表題は巻全体を暗示する言葉か、巻内の重要な講義の一つから付けられている。これは、セミネールや『エクリ』の中で表現されるものを視覚化するためである。ラカンにとって、テキストとして表わされるべきものは『エクリ』の中にあった。『エクリ』は、書き表わされた時点での彼の思考であり、主題に関する表明と発展としてつねに変化していくべきものであった。彼は、しばしばセミネールの原稿から内容を借用して『エクリ』の中で用いている。しかし、セミネールに含まれていない進歩的思想に至ることもあった。したがって、読者は、『エクリ』

と現在版のセミネールの日付の一覧を注意深く参照しなければならない。ラカンが唯一出版しようとしたのは、『精神分析の倫理』のセミネールであったが、結局それを断念したらしい（セミネール二十巻）。

一覧にされたものを見ると、ラカンは毎年セミネールで扱う主題を示していたように見える。しかし、テーマ一覧は、その年の研究プログラムを示しているわけではない。彼のセミネールでは、偶然の出会いが探求を支配していた。ラカンが、セミネールにおいて、みずからを被分析者の立場に置いて、「自由連想」によって革新的なシニフィアンの言表作用を得ようとしたことは何でもないことではない。しかし、分析的行動の条件をエピステーメーとプラキス、つまり知と行動の二つの面において明らかにしたのは、彼の一貫性でもあるが、野心の表われでもある。

以下に示すのは、セミネールの題名の一覧である。これらは、セミネールの「ナンバープレート」の代わりになるだろう。

『セミネール』の一覧表

一巻：『フロイトの技法論』、一九五三〜五四年（Seuil社より一九七五年出版）。原題は『精神分析の技法について』

二巻：『フロイト理論と精神分析技法における自我』、一九五四〜五五年（Seuil社より一九七八年出版）。

三巻：『精神病』、一九五五〜五六年（Seuil社より一九八一年出版）。原題は『精神病におけるフロイト的構造』
四巻：『対象関係』、一九五六〜五七年（Seuil社より一九九四年出版）。原題は『対象関係とフロイト的構造』
五巻：『無意識の形成』、一九五七〜五八年（Seuil社より一九九八年出版）
六巻：『欲望とその解釈』、一九五八〜五九年（未発刊）
七巻：『精神分析の倫理』、一九五九〜六〇年（Seuil社より一九八六年出版）
八巻：『転移』、一九六〇〜六一年（Seuil社より一九八六年、二〇〇一年出版）。原題は『主観的不均衡における転移、いわゆる状況、技術的な余談』
九巻：『同一化』、一九六一〜六二年（未発刊）
十巻：『不安』、一九六二〜六三年（Seuil社より二〇〇四年出版）
十一巻：『精神分析の四基本概念』、一九六四年（Seuil社より一九七三年出版）。原題は『精神分析の基礎』
十二巻：『精神分析の重要問題』、一九六四〜六五年（未発刊）
十三巻：『精神分析の対象』、一九六五〜六六年（未発刊）
十四巻：『ファンタズムの論理』、一九六六〜六七年（未発刊）
十五巻：『精神分析の行為』、一九六七〜六八年（未発刊）
十六巻：『大文字の他者から小文字の他者へ』、一九六八〜六九年（Seuil社より二〇〇六年出版）
十七巻：『精神分析の裏面』、一九六九〜七九年（Seuil社より一九九一年出版）。原題は『裏面の精神分析』

十八巻：『似姿でないようなディスクールについて』、一九七〇～七一年（Seuil社より二〇〇六年出版）
十九巻：『あるいはもっと悪く』、一九七一～七二年（未発刊）
二十巻：『アンコール』、一九七二～七三年（Seuil社より一九七五年出版）
二十一巻：『欺かれぬ者はさまよう』、一九七三～七三年（未発刊）
二十二巻：『RSI』、一九七四～七五年（未発刊）
二十三巻：『サントーム』、一九七五～七六年（Seuil社より二〇〇五年出版）
二十四巻：『ひとつの大失敗からじゃんけん、その不確かさ』、一九七六～七七年（未発刊）
二十五巻：『結論のとき』、一九七七～七八年（未発刊）
二十六巻：『トポロジーと時間』、一九七八～七九年（未発刊）
二十七巻：『解散』、一九八〇年（未発刊）

ラカンの著作

書籍として発刊されているもの

『エクリ』、Seuil、一九六六年（本書ではEと約す）
『オートル・エクリ』、Seuil、二〇〇一年（本書ではAEと約す）

各論文

一九三七年　『〈現実原則〉の彼岸』（E、七三―九二）

一九三八年　『個人の形成における家族コンプレックス』（AE、二三―八四）

一九四六年　『心的因果性について』（E、一五一―一九六）

一九四八年　『精神分析における攻撃性』（E、一〇一―一二四）

一九四九年　『わたしの機能を形成するものとしての鏡像段階』（E、九三―一〇〇）

一九五一年　『転移への介入』（E、二一五―二二八）

一九五三年　『ローマ講演』（AE、一三三―一六四）

『精神分析におけるパロールとランガージュの領野と機能』（E、二三七―三二二）

『神経症の個人神話』、Ornicar?, NO一七―一八、二八九―三〇七

一九五四年　『フロイトの〈否定〉に関するジャン・イポリットの報告への序』（E、三六九―四〇〇）

一九五五年　『治療型の異型について』（E、三二三―三六二）

『〈盗まれた手紙〉についてのセミネール』（E、一一―六四）

『フロイト的事象とフロイトへの回帰の意味するところ』（E、四〇一―四三六）

一九五六年　『一九五六年における精神分析の状況と精神分析家の養成』（E、四五九―四九二）

一九五七年　『精神分析とその教育』（E、四三七―四五八）

『無意識における文字の審級、あるいはフロイト以降の理性』（E、四九三―五三〇）

一九五八年　『精神病のあらゆる可能な治療に対する前提的な問題について』（E、五三一―五八四）
　　『ファルスの意味作用』（E、六八五―六九六）
　　『治療の指導とその能力の諸原則』（E、五八五―六四六）
一九六〇年　『ダニエル・ラガーシュの報告についての考察』（E、六四七―六八四）
　　『フロイトの無意識における主体の転覆と欲望の弁証法』（E、七九三―八二八）
　　『無意識の位置』（E、八二九―八五〇）
一九六〇年〜六二年ごろ『アーネスト・ジョーンズの象徴論について』（E、六九七―七一七）
一九六三年　『カントとサド』（E、七六五―七九二）
一九六四年　『フロイトの〈欲動〉と精神分析家の欲望について』（E、八五一―八五四）
一九六五年　『科学と真実』（E、八五五―八七八）
一九六五年〜六七年ごろ『我々の先駆者』（E、六五―七二）
　　『事後的な音節文字』（E、七一七―七二四）
一九六七年　『知っていると想定される主体の誤解』（AE、三二九―三四〇）
　　『精神分析が失敗する理由』（AE、三四一―三五〇）
一九七〇年　『ラジオフォニー』（AE、四〇三―四四八）
一九七一年　『リチュラテール』（AE、一一―二二）
一九七三年　『エトゥルディ』（AE、四四九―四九六）

一九七四年　『テレヴィジオン』（ＡＥ、五〇九―五四六）
『第三のもの』（小冊子とカンファレンス）

いずれも本書出版時（二〇〇九年）の状況〔訳注〕

第一部　想像界、象徴界、現実界の基礎

ラカンが分析的な主題に取り組むことができたのは、この三つ組みの概念のおかげであると言ってもいいだろう。この三つ組みは、フロイトという「魚」を捕まえるための「網」であり、もっと言えば、ラカンがその後発明した諸要素を展開することができたのは、この三つ組みの概念を通してである。この三つ組みは、精神分析という海原における羅針盤であった。しかし、つねに調整を怠ることのできない羅針盤であった。なぜなら、相手はフロイトという途方もない大海原だったからである。ラカンが『象徴界、想像界、現実界』という三つ組みを確立した日付は、正確に特定されている。それは一九五三年七月八日の講義においてである。これが先述した第一の節目である（その時期、まだラカンのテキストは出版されていなかった）。この三つ組みは、分析という素材にぴったりと当てはめることができる「格子」のような概念ではない。分析という経験における一種の「手引き書」のような概念である。この三つ組みはメタ心理学用語としては未知のものであったにも関わらず、導入されるやいなや、フロイトが述べる無意識を説き明かすための大きな破壊力を持った概念となった。ラカンは、この三つ組みの概念を固有名詞として用いている。「私は、一九五四年に、象徴界（S）、想像界（I）、現実界（R）を、同名の表題を冠したセミネールの中で発表しました。これらは、フレーゲが呼ぶところの固有名詞となりました。固有名詞を作ること、それはあなた自身の名前を見せつけるようなことです。象徴界、想像界、現実界を用語として作り上げたのは、私の功績です」（セミネール十六巻、一九七七年十二月）。

この三つ組みの概念は、つねに再構成され、理論化が続けられてきたと言えるだろう。想像界は鏡像段階によって、象徴界は父の名によって再構成された。現実界が扱われるようになったのは最後であったが、つねに最も重要な概念であり続けた。これからの議論は、この三つ組みに沿って進めるのだが、三つ組みという表現が不正確だと言うわけではないにしても、次のことに注意を払いつつ読み進めてもらいたい。つまり、この構造的な三つ組みは、それぞれが付加的に重なり合う次元のものではなく、三位一体の構造だということである。この三つ組みの核心は、トポロジー的に再読することではじめて明らかになるだろう。

ラカンは、この三つ組みを、フロイトの第二局所論における三つの審級と対比させながら語った。「そうです。私の三つ組みは、フロイトの三つ組みとは違います。象徴界、想像界、現実界の三つです。私は、それらをトポロジー的に位置づけています。言わばボロメオの結び目です」(カラカスにて)。

しかも、これらの三つの次元は、それぞれに根本的な影響を与え合い、相互作用を生み出していることを理解しなければならない。この三つ組みは、欲望を理解するのに役立つ。それはどのような次元においてであろうか。この三つ組みの誕生に引き続いて、まずは想像界から、次に象徴界、現実界(ISR)と順を追っていくことにしよう。しかし、構造的な観点から見ると、三つ組みの理論が基礎としてひとたび構築されると、象徴界は想像界よりも優位であり上位に置くことほうが本質的であると思われる(SIR)。そして、トポロジーが導入されると、現実界は頂点に位置づけられるだろう。そのとき、三つ組みはRSIと記述されなければならない。ここに現象学的に表現したいという誘惑からの完全な離別を見ることができる。この点について、ラカンは次のように記述している。「私は、想像界から始めましょう。そのあと、象徴界に進まなければなりません。そして、最後に、結び目というかたちで現実界について話すつもりです」。すべては、「辞―元《ディ・メンジオン》」のそれぞれを調べあげることで明らかになるだろう。

第一章　鏡像段階から想像界へ

「それは、ラカンの例の有名な話、鏡像段階を思い出させるじゃないか。ところで、彼は、正確にはいったい何と言ったのかね」（E、一八六）

ラカンは、鏡像段階を導入してから三〇年経ったのちに、次のように述懐している。「私は、この小箒《ほうき》を持って精神分析の世界に入ったのです」（セミネール十五巻、一九六八年一月十日）。鏡像段階は、まさに理論的な小箒であり、精神分析の大地を掃除することに使われたのである。鏡像段階は、一九三六年に誕生してから徐々に頭角を現わし、一九四九年に再発見されたと言えるだろう。鏡像段階に関する論文は、ラカンの論文の中で最も有名なものとなり、ラカン自身が一九四六年に皮肉を込めて言ったように、「ラカン伝説」となった。しかし、鏡像段階はそれ以上ではないが、それ以下でもない。この概念の創造的な性質をあまり誇張しないようにしよう。「アウゲイアスの家畜小屋を掃除する」(1)ために、まずはその方面の整理を行なうことにしよう。そうすることで、自我の鏡像的な構造が明らかになり、「自我の自律性」が「幻影」に過ぎないことがわかるだろう。

では、この「有名なラカンの話」は、いったい何を語っているのだろうか。

（1）ヘラクレスの一二の難行の五番目の課題。アウゲイアスは、多くの家畜を所有していたが、家畜小屋を一度も掃除したことがなく、糞にまみれていた。エウリュステウスは、ヘラクレスに、この家畜小屋を一日で掃除するように命じた〔訳注〕。

1　経験と鏡像段階

鏡像段階の概念がはじめて姿を現わすのは、マリエンバートの会議においてである。この会議における初稿は失われてしまったが、『現実原則の彼岸』（一九三六年）と『家族コンプレックス』（一九三八年）を読めば、改訂版である『「わたし」の機能を形成するものとしての鏡像段階』（一九四九年のチューリッヒにおける第十六回国際学会）での発表を待つまでもなく、何が語られていたかを推察することができた。

鏡像段階は、子供の精神発達論に寄与しているように見える。と言うのは、子供の成熟における、生後六か月から十八か月の重要性を強調するからである。しかし、真に重要なのは、まだ運動神経系が未発達であるにも関わらず、子供がみずからの像と出会うという事実である。鏡像段階とは、運動を司る神経系が統合されていないのに、「子供が鏡の中の像をみずからであると認める」ことである。（ボールドウィン以降の）鏡像についての理論、エルザ・ケーラーによる身体の全体形という理論、一九二二年から一九二三年にかけてシャルロッテ・ビューラーが発表した子供の転嫁現象に関する理論、アンリ・ワロンの『子供における性格の起源』（一九三四～四三年）が、ラカンに大きな影響を与えた。それらが、ラカンに「内受容性感覚」、「自己受容感覚」、「外受容感覚」のシェーマを重要視させることになった。

ラカンは、鏡像段階を「鏡像的な像」、「主体が統一性を求めて得た直感的なかたち」であると説明している。つまり、この統一性は先取りというかたちで獲得される。「子供は心理的な次元において、その時点では随意運動を行なうには未発達な身体を、みずからの機能的な統一性として先取りして獲得する」。この瞬間を、子供は大喜びして迎える。「主体が賞賛しているのは、みずからに属する心理的な統一性である」。

ラカンは、ルイス・ボルクによる人類の系統発生論を受け継いでいる。ボルクによれば、人類は早産すぎるのである。ボルクの説を受け入れるならば、弱々しい状態で産まれた人間は精神運動発達における統合の遅れを想像的表象の次元において補っている。「鏡像段階とは、内的圧力により、不全感から先取りへと進むドラマのことである」。イメージという早熟の次元が、その後長いあいだ人間に影響を与え続けていることがわかるだろう。鏡像段階における高揚感は、同一化が成功したことを示している。同一化とは、「ひとつのイメージを引き受けた時に、主体において作られる変形」である。この「大喜びの仕草」は、原初的な想像的同一化のしるしである。また、「この〈無邪気〉な選択は、子供にとって同一化という最初の選択」(E、一八七)の芽生えである。その後どのような人になるとしても、鏡像を自分自身と認めることが、消せない印として残る。そして、この「イメージの切り株」が鏡像的な基盤を形成するのである。こうして、「自我」が生まれる。

2　鏡から想像界へ、鏡像

鏡像段階の経験は、成熟の問題とは別の次元の問題であり、それ以上の意味があることを述べた。これは、自我の構成において想像界が決定的な役割を果たしていることを示している。鏡は幻影を作り出す。「この鏡像段階というのは、精神分析がこの言葉に与える意味のとおりで、同一化のひとつとして理解するだけで充分です。すなわち、主体がある像を引き受けるときに生じる変形のことです」（E、九四）。鏡の経験は、「純粋に想像的なもの」が存在することを裏付けるという「倒錯的な効果」をもたらす。その結果、自我は同一化により完全にできあがる。主体は、核の周りに層を成す同一化の「皮」、俗に「たまねぎ」に例えられるところの自我によって構成される。

こうした理論展開にともない、「二重のイマーゴ」という次元が現われてきた。これは攻撃性について考察することを可能とした。その後書かれた『精神分析における攻撃性』（一九四八年）の論文は、一九四九年の鏡像段階に関する論文と表裏の関係にある。「二重のイマーゴ」は、自我と非─自我との境界線として振る舞っている。そして、攻撃性は、鏡像の裏面に潜んだ非─自我の中に、「身体的な解体のイメージ」（E、一〇三）、「バラバラにされた身体のイマーゴ」（E、一〇四）という形で記入されている。つまり、「攻撃性は、主体の生成において、われわれがナルシスティックと呼ぶ同一化と結びついた緊張感のことである」（E、一一〇）。これは、「人間を構成する極めて重要な裂け目」（E、一一六）であり、真に「生物学的な裂け目」（SIセミネール二巻I、三七二）である。

鏡像段階は、想像界の概念の上に立てられたが、これが理論化されるためには「光学的なシェーマ」が生み出される一九五三年から一九五四年を待たなければならなかった。そのシェーマは、シェーマLと呼ばれる。鏡像段階は、想像界と象徴界の領域に編み込まれるかたちで思考されるのである。

3 自我、無知の機能

一九三六年から一九四九年にかけて、ラカンはこの鏡像体験の重要性を確信しており、次のように語っている。「精神分析に〈鏡像体験〉という概念が加えられたことで、「私」の機能について新しい知が得られました」（E、九三）。鏡像体験は、人格が発生し、その構造が決定される瞬間を意味するに留まらず、その字義通りに、「私」の機能の創造主である。それは「想像的な捕らわれ」としての「自我」が、「無知の機能」を起源としていることを示している。つまり、ラカンは、「自我が自律的に存在しているなどという夢想的な考え」に反対して、自我はフィクションに過ぎないと見なしたのである。『ローマ講演』では、自我における「非現実的な機能」、つまり「幻影と無知の機能」が強調された。ラカンは、この「無知の機能」を「逆さまになった花束[1]」の効果のようなものであると述べている。（想像的な）理想自我と、（象徴的な次元に帰される）自我理想を区別することで、必然的に自我と主体の区別が生じることになった。「他者に対する鏡像関係によって、当初、私たちは自我の機能における支配的な位置をナルシシズムの理論に与えようとしました。ナルシシズムの理論は、フロイトにとって決定的に重要だったからです」（E、五三）。

（1）曲面鏡を背にした花瓶の上に、実際に別の場所で逆さまに置かれている花束が映し出され、まるで花瓶に花束が挿さっているように見える現象のこと〔訳注〕。

ここに、ラカンが掲げる「フロイトへの回帰」の最初の効果を見ることができる。ラカンは、フロイトのナルシシズムを鏡像という概念で置き換えた。鏡像とは「性愛的な関係であり、そこで人は自身を疎外するようなイマージュにつながれている」。鏡像は「自我と呼ばれる欲動的な組織化が生成される」（E、一一三）ところのエネルギーであり、かたちである。当初、ラカンは、鏡像においてナルシシズムが不充分であることを強調していたが、フロイトがそうしたように、ゲシュタルト的な「形成効果」を認めて、それを主体の形成論の中に含めた。つまり、「主体は、最初、みずからの身体の視覚的ゲシュタルトに同一化するのである」（E、一一三）。フロイトによれば、同一化によってかたち作られるのは自我である。フロイトは、同一化を「感情的結びつきの最も古い形態」（『集団の心理学と自我の分析』）であると定義している。

いずれにせよ、フロイトにとって、自我とは統一されていない一連の機能の寄せ集めを示していたのである（『フロイトのメタ心理学入門』）。

鏡像体験がナルシシズムに繋がっていることは、子供が自我のイメージを発見し大喜びするという事実から認めることができる。ナルシスの原初的な情景が、神話的な標識を与えている。そこには、想像的な享楽の核が認められる。

4　同胞との関係：幼児と「小文字の他者」

ラカンは、家族コンプレックスに関する最初の著作の中で、「闖入コンプレックス」について言及している。闖入者によって、他者との関係における想像的な弁証法が生じるというのである。

ラカンは、聖アウグスティヌスの『告白』の中に、象徴的な定式を見いだしている。ラカンは一九三八年から一九七八年にかけて、この『告白』を何度も取り上げて、みずからの思想を解説するのに用いている。聖アウグスティヌスは、以下のように綴っている。「私は、小さな子供が嫉妬の虜になっているのを見ました。この子供は、まだ喋ることができる歳ではありませんでしたが、弟が乳を吸うのを苦い顔をせずに見ることができませんでした」。この文章を取り上げて、ラカンは次のように述べている。「嫉妬はライバル関係に由来するのではありません。嫉妬を作るのは心理的な同一化です」。乳離れして間もない子供は、その兄弟が乳を飲んでいる光景を見ると、享楽 jouissance と憎悪 jalouse の入り混じった享悪 jalouissance とでも呼べる感情が喚起される。ラカンがこうした合成語を作ったのは、同一化の想像的な次元を強調するためである。子供が他の子供との出会いを悔しいものとして体験するのは、他の子供がすでに何かを失った小文字の他者を体現しており、自分がそこに他我《アルテル・エゴ》として同一化するからである。これは、まだ喋ることができない幼児の場合のことである。幼児は、こうして他者の最初の姿（それはイメージに過ぎないのだが）と出会う。だが、その姿は想像的に歪められているのである。

5　自我から主体へ：想像的なものとランガージュ

幼児が想像的な秩序の中に捕らわれていることを述べた。このことにより、自我はパラノイア的な構造を持つことになる。つまり、「自分が王だと思っている王は、自分が王だと思っている乞食と同じだけ気が狂っている」というパラドックスである。「デジャ・ヴュ」とは想像的にみずからと出会う瞬間のことである。その時、自我は現実界から「払い戻し」の効果によって、過去を再体験していると思っているのである。

先述のような、典型的な鏡像体験から、ラカンは「象徴的な母体」というものを取り出した。「私というものは他者への同一化の弁証法においてみずからを客体化し、ランガージュが主体の機能を復元するより前に、原初的なかたちでみずからを先取りします。その先取りが象徴的な母体となるのです」（E、九四）。したがって、「自我の誕生にまつわるあらゆる遅れは、〈想像的なものの空虚さ〉と関係している」（E、七〇）。ただし、そのとき身体は、単なる器官を越えた鏡像的次元のものとして再考されなければならない。

以上のように、私というものは、その核において想像的なものに隷属しているが、この隷属関係から、愛する主体と、語る主体が生まれる。主体と自我の関係を理解するためにも、この点は重要である。「自我は意識的な経験を中心に作られるものなので、魅惑的な性質を備えています。しかし、主体の概念を理解するためには、この魅惑的な性質から遠ざからなければなりません」（セミネール二巻）。

もし、自我が想像的なものであるなら、主体は語るものである。つまり、「自我のシステムから除外された無意識において、主体は語るのである」。シニフィアンと象徴界の理論が求められるのは、そのためである。

第二章　シニフィアンの理論

「無意識が発見されてから、私は言語学の領域に立ち入らないで済ますことは困難であることに気づきました」

これは、セミネールの『アンコール』（一九七二年十二月十九日付け）から引用した言葉である。ラカンは、ランガージュを精神分析の前提に据えている。「精神分析の経験によって無意識の領域で発見されることとは、すべてランガージュの構造です」（E、四九五）と、ラカンは述べているが、これは分析がパロールの経験であるという基本事項をラディカルに言い直したに過ぎない。パロールは、人と人のあいだを仲介しているに留まらず、無意識の基礎を形成しているのである。ラカンがこだわり続けた『ファルスの意味作用』と題された論文でも、「シニフィアンの情熱」が語られている。しかし、この論文の中盤で、大きな思想的転換点を迎えたのである。

「無意識はランガージュのように構造化されている」と定式化されたのは、一九六〇年のボンヌヴァルでの講演においてである。「最初に言葉《ベルブ》があった」とは、ヨハネによる福音書の冒頭の言葉であるが、この定式は、それを思い出させる。ラカンの探求は、（ソシュールからヤーコブソンまで）言語学への依拠によって支えられている。そして、言語学への依拠は、「無意識の発見」と分かちがたく結びついている。

「無意識の発見」は、症状というかたちで語られたディスクールの存在によって導かれたのである。

1　ソシュールとフロイト：ラカンのアルゴリズム

「無意識はランガージュのように構造化されている」という定式が参照しているのは、ソシュールの言語学である。

ラカンは、フェルディナン・ド・ソシュール（一八五七〜一九一三年）の『一般言語学講義』から着想を得て、この定式を作った。この著作は、ソシュールが、一九〇六年から一九一一年まで、ジュネーヴ大学で行なった講義の記録である。ラカンとソシュールの関係を理解するためには、ソシュールの言語学が、それまでの言語哲学からどのように離別したのかを理解しなければならない。ソシュール以前の言語哲学は、言葉《モ》や記号《シーニュ》をいかに現実に当てはめるかを問題としていた。つまり、言語哲学にとって現実を「心理化」することが問題であった。ところが、ソシュールは「言語的記号論」から出発して、母語《ラング》の基礎を成しているまとまりを、ひとつのシステムとみなしたのである。ソシュールが提案したシステムが斬新であったのは、物質的指向対象と心的内容を結びつけたのではなく、「観念」（シニフィエ）と「聴覚イメージ」（シニフィアン）を結びつけたことである。ソシュールによれば、シニフィアンとシニフィエは、相関関係にあり、極めて任意に結びついているに過ぎない。また、シニフィアンとシニフィエのあいだには、いかなる類似点も必要とされない。更に言えば、言語的な記号は他のシニフィアンとの「連辞的」な繋がりと、シニフィエの類似による「範例的」な繋がりという二つの極をめぐって、シニフィアンとシニフィエのあいだに繋がれているのである。したがって、母語《ラング》とは差異のシステムである。シニフィアン／シニフィエのまとまりは、他のものと自分を区別することで（言語的な価値として）定義されるのである。

ラカンはソシュールの変革を受け入れることで、シニフィアンの理論を革新したのである。彼がソシュールの「言語的な記号」論に変更を加えたのは、無意識の次元における欲望を思考するためであった。

ラカンのシニフィアン／シニフィエ論における最初の特徴は、シニフィエ（s）に対するシニフィアン（S）の優位性である。したがってS／sと書き表わされる。言葉は、シニフィエとの関係による以上に、他の言葉への参照によって解き明かされるという事実が、シニフィアンの優位を証明している。「意味の効果」は、あるシニフィアンが他のシニフィアンへと跳躍する時に生じると考えられる。これはシニフィアンの連鎖という考え方に繋がった。重要なのは、シニフィアンの自立性と、質的な差異ではなく純粋な差異としての価値である。シニフィアンは、他のシニフィアンを介してしか存在できないのである。ラカンは「シニフィアンは何も意味していません。シニフィアンは還元不可能です」と述べている。

二つ目の特徴は、シニフィアンとシニフィエのあいだに棒線が引かれたことである。シニフィアンとシニフィエは、単に区別されるだけではなく、分かたれていることに意味がある。

三つ目の特徴は、ラカンが「クッションの綴じ目」という概念を導入したことである。シニフィアンは意味作用《シニフィカシオン》の中で無限に横滑りするものである。それがつなぎ止められるのが、このクッションの綴じ目においてである。通時的なモデルが採用されていたことがわかるだろう。

2　シニフィアン、あるいは欲望の手紙：シニフィアンの実践とファリックなシニフィアン

シニフィアンは、欲望の手紙であると言い換えられる。それは、ラカンが欲望のシニフィアンという表現を用いたことからも正当化されるだろう。実際、ラカンが言語学からシニフィアンという概念を借用したのも欲望を表現するためであった。ラカンは、一九五五年四月二十六日のセミネールにおいて、エドガー・アラン・ポーの『盗まれた手紙』を取り上げている。彼は、このセミネールにおいて、シニフィアンの主体に対する支配力、主体のあいだで相互作用を及ぼしているシニフィアンの能力について明らかにしている。この手紙は誰からも見えるところにあるのだが、ある人にとっては落とし穴として振る舞い、ある人にとっては真の姿を見せている。そこで、名探偵デュパンが手紙をシニフィアンという視点から見ることで、その役割を見事に解き明かすのである。ラカンは盗まれた手紙を宝くじに例えている。なぜなら、欲望という視点が導入されることで、まだ組織化されていない諸要素がたちまち「構造的な組織化」、「これ以上還元できない秩序」（E、六五八）へと統合されるからである。

ラカンによって、ソシュールとフロイトは結びつけられたが、当時、この同時代人は注意深くお互いを無視していたように見える。この二人の思想が結びつけられたのは、欲望の理論を無意識として考察するためであったことを忘れないでおこう。有りそうもなかった組み合わせが、精神分析的実践にとって必要不可欠なものとなったのである。「精神分析家は、シニフィアンとシニフィエの基本的な区別をつけなければなりません。この二つは互いに重なり合うことはありませんが、この二つが織りなすネッ

トワークを用いて働きかけなければなりません」（E、四一四）。

つまり、ランガージュは、「メタ・ランガージュは存在しない」という定式と表裏一体の関係にある。ランガージュは固有の真実を生み出す。

シニフィアンの理論は、何らかの外部にしか、その鍵を持つことができないのである。

シニフィアンの理論は、当初より、精神病を理解するために「最初のシニフィアン」として仲介者の役割を果たすもの」の存在を必要としていた。そこで、「基礎となるシニフィアン」の機能、つまりがファルスの意味作用が生み出された。ラカンは、シニフィアンの理論を作ったときからシニフィアンを去勢と関係づけていた。彼は「ファルスはシニフィアンである」（E、六九〇）と論理的に結論づけている。ラカンは次のように述べている。「ファルスは印を持った特権的なシニフィアンです。この印において、ロゴスが欲望の到来と結びつけられるのです」（E、六九二）。「ファルスは、ロゴスの刻印を示しているところのシーニュです」（AE、一七二）。別の言い方をすれば、「主体はシニフィアンとの関係においてしか決定されない存在であるため、ファルスは欠如としての機能を有しているのです」（E、七一〇）。ラカンはファルスに特権的なシニフィアンの地位を与えることで、「部分対象」としてのファルスの概念を乗り越え、ファルスの想像的な側面であるphiとシニフィアンの側面であるPHIを区別するに至ったのである。したがって、人が「語る」ことができるのはファルスを巡ってである。言語の起源は、ファルスの勢いが消退する経験に結びついているのだと言うことができる。人間は、ファルスの享楽の謎にぶつかることで、「語る主体」になるのである。

3　シニフィアンのロジックと、無意識のレトリック

シニフィアンの理論によって、フロイトの「物理主義」的な表象が、「言語学」的な表象へと置き換わっていった。しかし、完全に置き換わったわけではない。あくまで主体を下支えしている無意識の過程について考えるときに限られていた。

この置き換えによる一連の変化は、次のように読み解くことができる。

第一に、「無意識の形成」は、ランガージュの理論に従って解読されるようになった。つまり、欲望は解釈の対象以上のものとされ、基本的なツールとされた。夢や症状、機知などはランガージュにおける隠喩や換喩と同等であると考えられた。フロイトは、隠喩を「圧縮」、換喩を「移動」という用語で表わしている。ラカンが隠喩（置き換え）や換喩（結びつけ）を考察するときに参照したのは、ヤーコブソンであった。ここから、無意識に特有の表現方法があるという考え方が生まれた（セミネール三巻、一九五六年五月九日）。ラカンは、ヴィクトル・ユゴーから拝借した「ボアズの麦束」を繰り返し分析し、次のように述べている。「人が詩を作ることができるのは、ランガージュの効果の練り上げにおいてです。詩をつくる技法は、詩人の精神に帰すものでもなく、ましてや詩人の精神が具現化したものなどではありません」（E、八六〇）。シニフィアンと象徴界を結合しているのは、こうした重層的決定である。

第二に、シニフィアンの理論は、主体の概念をすっかり変えてしまった。一九五〇年代がシニフィアンの理論が生み出された時代だとすれば、一九六〇年代は他のシニフィアンで表象されたシニフィアン

という、新しい主体の定義が生み出された時代である（後述する）。つまり、主体はシニフィアンによって分割される。ひとつのシニフィアン（S1）は、他のシニフィアン（S2）のために、分割された主体を表象するのである。シーニュとシニフィアンの違いは、前者が誰かのために何かを表象するものであるのに対して、後者は「他のシニフィアンのために主体を表象することである」（セミネール九巻、一九六一年十二月六日）。ラカンによれば、それ以外の定義はありえない。

言語学に加えて数式を導入することで、序列化されたシニフィアン（S1、S2などと）によってディスクールを扱うという道が開かれた。つまり、エクリの裏表紙の五段落目に書かれているように、「無意識は、純粋な理論、つまりシニフィアンに従属しているのである」。ディスクールの理論において、シニフィアンが用いられるようになったのは、以上のような経緯によってである。それは一九七〇年の初頭のことである。

「Verdichtung とは、圧縮を意味するドイツ語である。圧縮とは、複数のシニフィアンを重ねる構造のことで、隠喩の領域で発揮される。Verschiebung は移動を意味している。これは換喩によって意味作用が振り替えられることである」（E、五一一）。したがって、ラカンの隠喩と換喩という概念は、フロイトの圧縮と移動と言う概念と非常に似通っている。しかし、それは後期のラカンの思想において、という条件付きである。ラカンは次のように記述している。「私は隠喩を隠喩することはありませんし、換喩を換喩することもありません。隠喩や換喩は無意識における圧縮や交換と等価です。し

かし、私の言う移動は現実界から象徴界への移動であり、圧縮は現実界において象徴の釣り合いを取ることです。これらの過程を知ることは無意識の痕跡を追うために非常に有益です」（AE、四二〇）。無意識とランガージュが同一視されたことにより、シニフィアンは欲動の「代理―表象」の位置を占めることになった。これは、フロイトのメタ心理学からラカンのシニフィアンの理論への表象機能の移動である。しかし、欲動の理論が否定されたわけではない。欲動の経済学がシニフィアンの視点から再定義されたのである。

4　文字の審級から、「辞―元 dit-mension」へ

ラカンは次のように記述している。「文字《レットル》の中に欲望を見つけ出さなければなりません」（E、六二〇）。この言葉は、文字《レットル》がシニフィアンなどとは異なった次元で受け止められなければならないことを示している。「無意識には文字の審級がある」という定式は、古代ギリシャにおける年号表記に例えることができる。と言うのは、古代ギリシャでは、年号がその年の為政者の名前で呼ばれたからである。文字《レットル》には、手紙の意味と、印刷のための物質的な活字という意味がある。「具体的なディスクールがランガージュから借りるのは、この物質的な支えである」（E、四九五）。書かれたものには「文字の審級」が宿っている。文字は、単に言葉が書き取られたものではない。そこには物質的な何ものかが宿っていることが強調されなければならない。

『エクリ』には、『盗まれた手紙』（一九五三年）についての論文が収められているというならば、『オートトル・エクリ』には、『リチュラテール』（一九七一年）が収められていると言えるだろう。ラカンは、この二つの論文で、文字について理論化を行なった。『リチュラテール』では、文字は二つの方法で用いられている。ひとつは、デリダの唱える「グラマトロジー」などによって正当化されるエクリチュールの原初性を非難するためである。そのために、ラカンは改めてシニフィアンの優位を主張している。もう一つは、審級としての文字の原初性を取り戻すためである。ラカンは次のように述べている。「シニフィアンという点から見ると、文字の〈一次性〉などというものを認めることはできません。しかし、文字が享楽と知のあいだで外縁をなしていることは事実です」（セミネール十八巻、一九七一年五月十二日）。

ラカンは『エトゥルディ』において、「辞―元 dit-mension」という概念を導入している。これは言表（言辞 le dit）が、ランガージュの場としての他者に依拠することを再確認させるためである。つまり、主体が何か言うとき、その言葉を作るのは主体自身ではない、主体は「在るものを言う」ことしかできないと言うのである。「辞―元 dit-mension」という言葉が作られたのは、言う dit ことと、その住まい（英語で mansion）としてのランガージュが繫がっていることを示すためである。こうして、想像界、象徴界、現実界が「辞―元」として現われたのである。

フロイトは、「イメージの表記（Bilderschrift）」という概念に気付いたが、彼の学説の中には文字の審級という概念は存在しない。これは注目に値する事実である。フロイトは、固有名詞の失念について定式化を行なっている。フロイトは、シニョレリという名前を思い出せなかった例(1)を取り上げて、失念が「意味」にも「音節の聴覚的な境界」にも依拠していないことを示した。失念はそれぞれの名詞の繋がりに関係している（『日常生活の精神病理』）。失念は夢の場合と同じように綴じ絵のような隠喩の効果であり、文字や図画表現と同じである。したがって、失念は「ヒエログリフ」が読解されるように無意識の効果として読解されなければならない。ラカンは文字と夢の類似性に注目し、それに認識論的な変化を加えることなく、相当関係へと昇格させた過ぎない。

（1）フロイトは、ヘルツェゴビナへの馬車旅行の最中、会話しているうちに画家シニョレリの名前を思い出せなくなった。彼は、その経験を次のように分析した。つまり、死と性にまつわる話題を押さえ込もうとしたために、記憶のなかでそれと関係する呼びかけの称号、ドイツ語で**Herr**、イタリア語で**Signor**が抑圧され、シニョレリ（Signorelli）が思い出せなくなったというのである。**Herr**はヘルツェゴビナという地名の冒頭に姿を見せている〔訳注〕。

5　言語学もどきからラランガージュへ：言葉の物質化

ラカンは、後にみずからの言語学への傾倒を「自己批判」し、皮肉を込めてそれを「言語学もどき《ランギステリー》」（セミネール二十巻、一九七二年十二月十九日）と呼んだ。彼は精神分析を言語学に付属するものとするどころか、言語学と精神分析の切り離しを試みたのである。

ラカンが最初に自己批判したのは、「無意識はランガージュのように構造化されている」というみずからの冗語的な格言であった。ラカンは、「冗語的になったのは自分が理解できるようにするためでした。ランガージュは構造だからです」（ＡＥ、二二三）と弁解している。彼は「ランガージュにはもっと普遍的な、もっと理論的な何かがある」と考え始めたのである。この新展開は、一九七一年十一月四日に提案されたララング（原言語）という言語新作の出現によってもたらされた。ララングについては、『症状に関するジュネーヴにおける講演』で詳細が語られているが、ここでは別の表現をいくつか引用しよう。「ランガージュは、われわれがララングの機能について知ろうと試みているものである」。「無意識はララングとのノウハウのことである」。ランガージュは「ララングに関する知の駄作です」（セミネール十巻、一九七三年六月二十六日）。ラカンは、みずからの格言に固執しているところもあるが、修正を加えることも決しておろそかにはしていない。「私がここで謎解きをする限りにおいて、無意識はランガージュとして構造化されることしかできません。ランガージュは、それを支えているもの、つまりララングの観点から見れば、つねに不確かなものなのです」。

ララングという新作言語は、これまでのラカンの歩みが結晶されたものである。ララングが提案されたのは、無意識をより深く記述するために言語活動の秩序からアプローチするためである。極言すれば、ララングはもはや「無意識《ウンベブステ》」の概念の問題ではなく、フランス語を母語とする地域におけるあらゆる「些細《べ》なこ《ブ》と」を射程におさめる原初的事実の問題である。「ララング」は、さらに「ララシオン」へと拡張される。「ララシオン」とは、いわゆる母国語として最初に獲得される乳児の発語のことである。享楽は子供が小さいときに聞く原初的な音としての言葉と無関係ではない。たとえば、享楽（jouissance）という言葉自身も、「私が意味を聞く」（j'ouie sens）という言葉と何らかの関係を持っているのである。

ララングは、当初、同音異義語によって表わされていた。やがて、上記の「享楽」の例のように、語呂合わせ、つまり言葉の音韻的な物質性を強調することになった。ラカンは次のように述べている。「無意識の獲得が存在するのは、言葉の物質化においてである」（『症状に関するジュネーヴにおける講演』）。

6 「話す存在《パレートル》」から「ディスクール」へ

次に、ラカンは「話す存在《パレートル》」（話す《パルレ》と存在《エートル》の合成語）という概念をつくった。「ララング」が、無意識―ランガージュの概念を刷新したのと同じように、「話す存在」は「真のパロール」と「空虚なパロール」の区別を刷新した。つまり、パロールには真実性の有無が刻印されているというのである。人間という存在はパロールの中に存在している。言い換えれば、パロールの中に位置を占める「話す存在」こそが人間である（AE、五四九）。「話す存在」という合成語が作られたのは、人間が要素でも存在でもないということを強調するためである。つまり、人間の本質が言表作用への捕らわれだというのである。その結果、次のような言表が導き出された。「他者の他者は存在しない」、そして「メタ・ランガージュも存在しない」。

一九七〇年代の初頭に、ラカンはディスクールの審級を導入した。これは、フーコーが「ディスクールの秩序」と呼ぶもののラカン・ヴァージョンである。ディスクールの審級は、「語る存在」同士の社会的な絆を形成し、ディスクールを結びつけるものである。ここで、ディスクールに関する諸要素を定義することにしよう。諸要素とは、主のシニフィアンであるS1、「知」と同一視されるS2、消された主体であるS_1、そして対象aである。ここで重要なのは、無意識の産物としてのディスクールの様式である。ディスクールは四つのかたちをとる。主人のディスクール、ヒステリー者のディスクール、分析家のディスクール、大学のディスクールである。これら四つは、シニフィアンの社会的生産性、集団的影響力、社会的享楽への捕らわれ方が異なっている。

7 ランガージュ、無意識の条件

ランガージュ、シニフィアン、真のパロール、文字の審級、ララング、話す存在、ディスクールとさまざまなラカン用語が出てきたが、これらは、いずれも無意識の基本的な次元を取り出すために作られた言葉である。したがって「ランガージュは無意識の条件である」、あるいは反対に「無意識は言語が成立するための条件である」と言うことができる（AE、四〇六）。コミュニケーションモデルは、主体がラングに捕らわれていることを理解するには、まったくもって不的確である。ラカンの「Y'a d'l'Un（ひとつがある）[1]」という定式には、シニフィアンの絶対性、大文字の他者の機能への反響が見いだされる。話す主体は「小文字の他者」を超えて、大文字の他者への関係において捕らわれている。会話において誤解が生じるのはそのためである。誤解は会話におけるアクシデントではなく、構造的な事実である。

（1）この定式には現在のところ定訳がない。また、その意味するところも不明であり、さまざまに解釈されているが、本書では「ひとつがある」と訳しておく〔訳注〕。

ここに、ラカン思想による二つ目の変革を位置づけることができる。つまり、欲動の理論からシニフィアンの理論への変革である。フロイトの欲動論は多かれ少なかれ、(精神)生物学的な事実と折り合いを付けることを可能としていた。ところが、ラカンはそうした「欲動」の実在性と決定的に離別したのである。この変革はフロイト自身が欲動論を撤回したという事実によって正当化された。一九五〇年の第一回精神医学会議において、ラカンは次のように発言している。「ランガージュは心理学が説明する以上に、心理学を決定づけています」(AE、一二八)。ラカンがシニフィアンの側に問題を移動させたのは、あらゆる「迷信」を避けるためであった。

第三章　父の名から象徴界へ

ラカンの功績のひとつは、父の名という表現を用いたことである。フロイトは、父の機能をつねに参照しており、それが中心的な問題であることに気づいていたが、統一した概念として提案するまでには至らなかった。ラカンは、父の問題に「家族コンプレックス」からアプローチすることにした。そこに、父の機能が全面的に関わっていることを見いだしたからである。しかし、父に備わる象徴的な秩序を重視することによって、新たな問題が出現したのである。

1　父の名

「父の名」は、大文字で書かれたり、小文字で書かれたり、棒線で繋がれたり、複数形で書かれたり、単数形で書かれたりと、さまざまなかたちで表現される。まず、そうした事実を取り上げて考察する必要がある。ラカンは、父の名の表記について、つねに調整の必要性を感じていたようである。ラカンの著作を詳細に検討すると、父の名という概念が最初に登場したのは一九五一年の「ねずみ男」に関するセミネールで、その次に登場したのは「おおかみ男」に関するセミネールである。

しかし、父の名の輪郭が定まり「ある機能の担い手」としての役割を果たすようになったのは、シュレーバーの症例においてである。ラカンは次のように記述している。「われわれは、父の名にこそ、象徴的機能を支えているものを認めなければなりません。父の機能は歴史に現われたその時から、王の機能と同一視されていたのです」（E、二七八）。父の名は、象徴界と密接に繫がっている。しかし、象徴界に還元してしまうことはできない。この二つはお互いを傍らに置きながら発展するのである。象徴界と父の名が結ばれるようになったのは、ラカンがシュレーバーの症例を通して精神病を検討し始めたときである。「精神病が発症するためには、排除された父の名、すなわち、それまで大文字の他者の場所にいた父の名が主体への象徴的対立として呼び戻されなければなりません」（E、五七七）。この定式は、ラカンの精神病論にとって非常に重要な位置を占めている。精神病は「父である」というシニフィアンを持たないが、そのためにかえって、このシニフィアンが大きな役割を果たすことになるのである（セミネール三巻、一九五六年六月二十日）。父の名がセミネールに現われたのは、第三巻の最後の講義においてである（一九五六年六月二十七日）。

父の名と「象徴的な父」に付属する機能は、フロイトの「科学的な神話」、つまり父殺しの神話、原初的な殺人の神話における死んだ父の中に、その先駆けを見いだすことができる。しかし、正確に言えば、ラカンによる父の名は神話的物語性を除去する機能を備えている。

$$\frac{\text{父の名}}{\text{母の欲望}} \cdot \frac{\text{母の欲望}}{\text{主体にとってのシニフィエ}} \rightarrow \text{父の名}\left(\frac{\text{(A)}}{\text{ファルス}}\right)$$

2 父の隠喩

「父は隠喩である」という考えは、一九五七年十二月から一九五八年一月までのセミネール『事前の問い』において打ち立てられ、一九五八年一月十五、二十二、二十九日、二月五日のセミネール『無意識の形成』で深められた。隠喩とは、あるシニフィアンで他のシニフィアンを置き換えることにより、未知の意味作用を生み出すことである。隠喩が成功するとは、この置き換えにより意味作用が創造できたということである。難解なのは、母の欲望という概念である。母の欲望は父の隠喩の中心を占めている。つまり、母のパロールから、父は名前としての父に過ぎないことが理解されるのである。図式として表わせば上記のようになる。

次に、ラカンは固有名詞について語っている。このテーマは『同一化』（一九六一年）と、『精神分析における重大問題』（一九六四〜六五年）のセミネールにおいて論じられている。固有名詞は、単数の存在を表わすというより、ある穴を覆い隠す機能を持っている。つまり、固有名詞は「置き換え不可能」であるのと同時に、「空っぽな」ものである。固有名詞は「一なる徴」に帰すことができる。

ここに、フロイトへの回帰の三つ目の効果を見いだすことができる。フロイトは、

「父の機能」として、禁止、理想化、同一化をあげた。ラカンは、この未完の概念を導入し、それを構造的に区分し、隠喩の働きへと還元したのである。

3 象徴界

「象徴的次元」という表現がはじめて現われた日付は、はっきりしている。一九五四年六月九日のセミネールにおいてである。しかし、象徴的次元とはいったいなんだろうか。ラカンは次のように述べている。「象徴的次元について考えようとすると、その時点で、既に象徴的な次元に捕らわれています」(E、五三)。「フロイトの発見は、象徴的秩序が人間に与える影響についての発見です」(E、二七五)。

象徴界を論じるのに、社会学や経験論的な考えを採用することは非常に魅力的である。実際、ラカンは「婚姻関係の基本的な構造」、「象徴的な効果」について、クロード・レヴィ=ストロースの構造的な文化人類学を参照している。ラカンはシャーマニズムと精神分析の類似性を指摘しながら、無意識が「空虚」で「構造的な法則」に従っているという考えを推し進めたのである。これは、デュルケイムからモースまでのフランス社会学の系譜の延長である。しかし、もっと重要なのはラカンがそれを言語活動の関係にまで当てはめたことである。すなわち、近親相姦の禁止や外婚の義務が言語的な「象徴的秩序」を形成すると考えられた。象徴界が禁止と義務という二重のかたちで現われるのはそのためである。主体は交換の秩序に捕らわれており、その交換の秩序において主体はみずからを決定している。これは、まさに「充溢したパロール」の次元である。パロールが充溢していると言われるのは、このパロールが誰かを目指されており、象徴界に協定という影響力を与えているからである。「君は僕の妻だ」という言表は、「充溢したパロール」の原型である。さて、ラカンは象徴界について、人類学的観点からも次のような命題を打ち立てている。「人間に関する象徴的外在性は無意識の概念自身です」(E、四六九)。象徴界が父の名に結びついているのは、まさにこの点においてである。「象徴界は婚姻を支配している根源的な法を介して父の名と結びついています。また、象徴界は自然の統治に文化の統治を重ね合わせることで婚姻の法を発しているのです」(E、二七七)。

象徴界は法を介することで欠如へと帰結される。と言うのは、法の中にみずからの場所を見いだしたものは非常に失われやすいからである。例を挙げるならば図書館の本である。象徴界は在に場所を見いだすがゆえに、不在を可能とするのである。「象徴」は「モノの殺害」のようなものとして獲得される。

フロイトにとって、「象徴界」は夢の象徴化の問題に帰せられるものであった。フロイトは、『モーセと一神教』で象徴界のことを、子供が生まれながらに獲得するランガージュの能力であると述べている。ラカンにおいては、「象徴的秩序」やランガージュの概念は個人の存在よりも先行して存在するものであると位置づけられている。

4　現実的な父、想像的な父、象徴的な父

ラカン思想における非常に重要な転機は、父のカテゴリーと、象徴界、想像界、現実界の三つ組みの概念が生み出されたことである。これらの概念は、『対象関係』のセミネールにおいて作られた。

象徴的な父は、「はっきり言えば思考不可能である」。象徴的な父は、父の名のうちに残存しているが、その名を口にすることはできない。「想像的な父」は、剝奪の執行者《アジャン》である。剝奪によって、象徴的な対象が現実的に欠如するのである。「現実的な父」は、生産者であり、去勢の執行者である。想像的な対象が象徴的に欠如する。

わかりやすく言えば、現実的な父は生産者であり、現実の家族の中にいる父である。想像的な父とは、原初的な同一化において「想像」され、強大な力をもった父として、エディプスの父として幻想化された父である。現実の父は、それが「控えめな人」であろうと、象徴的な父の機能を支えている。率直に言えば、象徴的な父など存在しない。象徴的な父は、あくまでも機能としてしか存在しないのである。父の名は、母の享楽に対して「否」とするもののことである。もっとはっきりと言えば、「母と寝る父である」。父は、息子に対して享楽に対する無―知を保証している。息子にとって母が満足するという事態は不安を引き起こす。その不安を象徴的な父が取り除いているのである。

5　欲望、モノと法

象徴界は、法との関係において欲望を定義しなければならない。法は、大文字で記載される。なぜな

ら、それは威厳というより構造だからである。「法は、ランガージュの秩序と同じようなものだと充分に理解されています」（E、二七七）。
そうした意味で、象徴界はエディプスの弁証法という悲劇構造を凌ぐ概念である。これは、モノの問題系によって説明される。
ラカンが、象徴界の考察に力を入れていたのは、彼がエディプスの悲劇に関心を抱いていた時期である。一九五〇年代、彼は『精神分析の倫理』のセミネールを行なっていた。しかし、その後、彼はむしろ他者の審級の空虚さを強調することになっていく。

モノ（das Ding）という概念は、フロイトの『科学的心理学草稿』において登場する。モノとは、これ以上消化することのできない部分であり、それと出会うのは満足の経験においてである。これは、子供がよく知っている人を識別できるようになったあとで、生じる概念である。モノは、「モノの表象」や「言葉の表象」と対置しながら発達していくのである。

ラカンは、モノと母とを同一視している。モノは、決して失われることのない原初的な享楽の対象である。これが、欲望に惹きつける力を与えている。したがって、モノと法は対立関係にある。昇華とは、対象をモノの神聖にまで高めることである（セミネール八巻）。

6 「父の名《ノン・デュ・ペール》」から「欺かれぬ者はさまよう《ノン・デュップ・エール》」へ：「第四の言葉」

父の名は、ラカンの思想の中で非常に重要な位置を占める概念であるため、発明されたあとも何度も修正を重ねられた。この概念は、おおよそ一〇年ごとに刷新され、大きく三期に分けることができる。

一九五三年ごろ、父の名という概念が登場した。

一九六三年から、父の名が複数形で記載されるようになった。もっと詳しく言えば、同年十二月二十一日の『父の名』と題されたセミネールからである。

一九七二〜七三年のあいだは、「欺かれぬ者はさまよう《ノン・デュップ・エール》」という表現が登場した時代である。これは、「父の名《ノン・デュ・ペール》」の駄洒落である。このパロディーが示しているのは、主体は象徴界と結びつくことで、シニフィアンや現実界に騙されてしまうが、そのことがかえって主体にとってメリットになるという事態である。ラカンは、そうした主体を「欺かれ易い人《ボン・デュップ》」と呼んだ。もし欺かれなければ、主体は（心的）彷徨を運命付けられる。彷徨とは、象徴化を欠いた精神病者において引き起こされるさまざまな臨床症状のことである。つまり、精神病者は、（不幸にも）シニフィアンに欺かれなかった者のことである。

「父の名には、象徴的なもの、想像的なもの、現実的なものがあります。この三つの父の名が、あらゆる名前の中で最も古い名前です」（セミネール二十二巻、一九七五年三月十一日）。こうして、父の名の問いは拡大され、命名の問題へと特化されていった。「父の名は、それにふさわしいたった一つというものをたくさん持っています。そうでなければ、名の名の名ということになってしまいかすから」。

ラカンは、これだけに留まらなかった。一九七五年から、RSIの三つ組に、四つ目のサントームという概念を追加したのである。サントームは、ＲＳＩの三つの核を結びつける働きをしている。

ここでラカンは、父の名を穴の効果として定義したのである。「穴が渦巻いています。いや、穴が飲み込むと言ったほうが良いかもしれません。そして、穴は吐き出します。何を吐き出すというのでしょう。それは名前です。名前としての父です」（セミネール十七巻、一九七五年四月十五日）。これが、「ひとつがある《ヤドラン》」という事態である。

ラカンは、奇妙な三段論法によって結論を引き出している。「無意識という仮説は、父の名を想定することでしか根拠を持つことができません。これはフロイトが強調していることです。父の名を想定することは神を想定することと同じです。父の名を用いることで、神を持ち出さなくても良くなるのです」（セミネール二十三巻、一九七六年四月十三日）。父の名とは、それ無しで済ますことができるように、それを使わなければならないものである。

第四章　現実界とその機能

　この章では、いよいよ現実界を扱うことになる。これは大変困難な道のりであるため、段階を踏んで理解されなければならない。まず、最初に知っておかなければならないのは、現実界に関する知は、症状に現われるという事実である。つまり、現実界とは症状を通して表現されるものである。ラカンによれば、症状は「現実界からやってくる」、「症状は現実界である」。少なくとも、症状は「現実界における象徴的なものの効果」として表現されることを理解しよう。

　このことは、精神分析をあらゆる「理想主義」に反対し、科学の側に位置付けるものとなった。なぜなら、科学は現実性《リアリテ》を縁取り、現実《レール》を否定し、主体を排除するものだからである。

　実際、三つ組みの概念に意味作用を与えるのは現実界である。ラカンが「フロイトは心的現実と呼ぶ何ものかを発明したのです」（セミネール十二巻、一九七五年一月十三日）と語ったのは、フロイトが心的現実の名の下にメタ心理学を考察したことを強調するためであった。ラカン三つ組みの特徴は、それらの関係がトポロジー的に理論化されたことである。トポロジーが導入されることで、第四のものとしての核が浮かび上がる。別の言い方をすれば、ラカンは、フロイトの「心的現実」の代わりに、想像界、象徴界、現実界の核を置いたのである。現実界が「集まる」場所は、想像界と象徴界のあいだである。トポロジーが導入されてから、現実界が、象徴界や想像界より前に置かれて、RSIと表記されるようになったことが、その重要性を物語っている。ローマ会議における『第三のもの』という講演は、現実界を昇格させるための厳かな公布であった。

ラカンは、知の学説としての「現実界」に留まらず、シュールレアリスムの超現実や、現実性が表出したあらゆるものについて考察を行なった。ラカンは現実界を強調していたが、同じく重要視された言語学とどのように統合されていったのだろうか。彼によれば、現実界は「シニフィアンの被害を被っている」もの、「あらゆる象徴化の埒外に残存するもの」（E、三八八）である。現実界は、象徴界に対して不在の不在である。

より深く現実界を知るためには、この概念がどうやって誕生し、どのような変化を遂げたのかを理解する必要がある。

1　現実界：除外されたものの「回帰」

最も手短に定義するとすれば、「同じ場所に戻ってくるのが現実界である」と言えるだろう（セミネール七巻、一九六二年十二月二十三日）。もっとラディカルに言えば、現実界は「つねに同じ場所に戻ってくるものであり、その場所は思索するものとしての主体が決して出会えないような場所である」（セミネール九巻、一九六二年五月三十日）。ラカンは、この「戻ってくる」という性質を強調している。つまり、現実界は主体が関与するあらゆる位置と無関係なものとしての回帰であり、（再）反復である。現実界を特徴づけるのは、その反復の執拗さである。現実界は「回帰するもの」である。

次に、現実界に関して理論的な側面から検討しよう。ラカンは次のように語っている。「現実界はこの世のものではありません。表象によって現実界に達することができるなどという希望は持たないでください」。ラカンによれば、現実界は「非―現実」である。同様に、現実界は「汎世界的」でもない。それは、現実界のあらゆる要素は語られ得ないという意味である（『第三のもの』）。また、象徴界が「場所を変えることができる」のに対して、現実界は「つねに同じ場所にある何ものかである」（セミネール二巻、一九五五年六月二十二日）。「現実界は、まったく裂け目などを持たないものです」（セミネール二巻、一九五五年一月二十六日）、「現実界に不在はありません」（セミネール二巻、一九五五年六月二十九日）と語られている。つまり、現実界は隠されていない。しかし、象徴界からは除外されている。現実界という概念を用いることで、精神病をより適切に表現することができる。ラカンは、フロイトの概念を参照しつつ、次のように述べている。「精神病の問題は、現実性を失うことではありません。現実性を置き換える柔軟性が失われているのです」（E、五四二）。しかし、この柔軟性の欠如ゆえに、精神病は現実界に関する事態を明らかにしてくれる。たとえば、「夕べの安らぎ」と呼ばれるひとときである。これは、夜が訪れて人の声が静まるときに、現実界から沸き上がる無言の声、「外部からのつぶやき声」に精神病者が曝されるという現象である（セミネール三巻、一九五六年二月八日）。この声は、現実性と現実界の「辺縁」の効果である。現実界を、脱象徴化の時間に位置づけることは適切である。ラカンは次のように述べている。「象徴化されなかったものが、現実界において再出現するのです」（E、三八八）。

2　不可能なものとしての現実界

一九六四年の断絶以前には、現実界は想像界と象徴界の添え物程度でしかなかった。しかし、現実界は「思考できない」ものであり、「つねに同じ場所に回帰するもの」であった（AE、一六〇）。現実界が固有の領域として検討されるのは、一九六四年以降のことであり、現実界の概念が「不可能なもの」として練り上げられるのは、『精神分析の四基本概念』においてである。ラカンは、『対象関係』のセミネールにおいて、アレクサンドル・コイレによるガリレオの研究を取り上げ、現実状態は慣性の法則に従うというガリレオの理論を参照することで、現実界と不可能性の関係を仄めかしている。と言うのは、ガリレオの提唱した永久運動は「不可能」だからである。しかし、近代物理学を作り上げたのもガリレオである。ラカンは、そこにラディカルな転換点の兆候を見いだしていた。つまり、現実界は不可能の姿そのものであると。こうした「理論様式」は、「非―現世的」で表象できず、全体に当てはめることができないという特徴を持っている。

　現実界は、夢と覚醒のあいだで失われた出会いである。それはまるで、フロイトが報告した夢を思い起こさせる。その夢とは、父親が自分の子供が焼け死んだことを知っていながら、死んだ子供に、「お父さん、僕が火傷をするのがわからないの」と声をかけられて起きるという夢である（フロイト『夢判断』）。

3 ティチックな現実とシニフィアン

ティチックは、テュケーとも表記される。これはアリストテレスの用語で偶然を意味する。アリストテレスの偶然の概念には二重性がある。ラカンは、それをもとに理論を構築したのである。アリストテレスの偶然の二形態、つまり、行動が予想外の結果をもたらすこと（テュケー）と、力学的に生産される行動（オートマトン）の対立が見いだされるのは、『自然学』第二巻においてである。ラカンは、シニフィアンをオートマトンに、現実界を純粋な偶然（テュケー）の側に位置づけたのである（セミネール二十巻、一九六四年二月十二日）。別の言い方をすれば、現実界はトラウマである。

4 現実界の論理と、現実の科学

ヘーゲルは「現実は合理的である」と述べたが、ラカンの精神分析はその先を行っている。つまり、「現実の科学」を不可能なものと定義したのである。ラカンは次のように述べている。「現実に関するディスクールは不可能なものとして現実と出会うのです。このディスクールが、最後の力をもたらすのはそのためです。私に言わせれば、現実の科学です」（AE、四四九）。

一九七二年に提案された「ボロメオの結び目」は、象徴界と想像界、現実界の結合について思考することを可能とする概念である。しかし、この「ボロメオの結び目」自身によって、ランガージュは「穴の空いたもの」、「穴の機能」として現われる。それは、「ランガージュが現実界に捕らわれることで機能するからである」（セミネール十八巻）。

5　現実界と似姿

ついに、現実界は「空白の意味」として現われる。現実界は、意味の「余白」における「隕石」のようなものである。ラカンは次のように語っている。「現実界という概念自身が、あらゆる意味を排除しようとします。私たちが現実界について少し何かを知ることができるとするならば、あらゆる意味が空になった現実界でしかありません」。「現実界を避けることでしか、知ることができる真実というのはありません」。

6　現実界の機能

分析の行為や、その知においては、現実界の「またたき」に、大きな機能が割り当てられていることがわかるだろう。

一方で、一九七四年、ラカンがローマで「分析とは、特別に扱い難いもの、つまり現実界を取り扱っているのです」と述べたように、現実界は臨床的な意味を持って現われる。これは、「原因は、上手くいかないものの中につねに潜んでいるのです」というラカンの言葉に呼応している。

もう一方で、不可能なものとしての現実界は次のように語られる。「性関係は存在しません」（AE、四五四―四五五）。

現実界は、袋小路の機能を持っている。「それは、大文字の他者の愛の名において、救済の理想を問うことです」。「最果てにたどり着いたとき、それが最果てです。それが興味深いのは、まさにそのためです。というのは、現実界がそこにあるからです。現実界は、矛盾したことを言わずには何も言えないような領域です」（セミネール二十二巻、一九七四年十二月）。しかし、それは記述され続ける（記述され続けない）何ものかでもある。

ここに、ラカンの「フロイトへの回帰」による四つ目の効果を見いだすことができる。それは「心的現実」から「現実界」への置き換えである。ラカン自身は、心的現実について、フロイトが足下のバナナの皮で滑ったのだとユーモラスに表現している。ラカンによれば、フロイトはイルマの注射の夢で現実界の底（喉の奥）まで辿り着いた。一方で、フロイトは「現実《レール》はつねに不可知である」（『精神分析概論』）と述べている。ここでは、現実性《レアリテ》という言葉ではなく、現実《レール》という言葉が使われていることに注意しよう。ラカンの探求に価値があるのは、精神《プシケ》と現実性《レアリテ》の対決という仮説を乗り越えようとしたことである。ＲＳＩの三つ組みを導入したことによって、特殊な現実の機能を思考することができるようになったのである。

第二部　ラカンのマテシス。他者、対象、欲望

無意識に関するラカンの理論は、対象、大文字の他者、主体という概念によって展開される。象徴界／現実界／想像界という三つ組みが、「ラカン思想」の局所論的な基礎を作り上げたのに対して、主体／大文字の他者／対象aの三つ組みは、ラカンの代数学を作り上げたと言えるだろう。これらは、いずれかの概念を用いなければ、他の概念が成り立たないほどに密接に繋がっている。したがって、これらの意味作用を、欲望の理論との結びつきにおいて明らかにすることが重要である。また、言葉の運用には、より注意を払う必要がある。大文字で記載されたものと、小文字で記載されたものは同じではない。とくに、「大文字の他者」と「小文字の他者」は決定的に異なっている。ラカンのエクリチュールにおいて、「多義構文」や混乱を避けるためには、大文字の他者と小文字の他者を区別することは非常に重要である（失読症が分析行為において不幸な効果をもたらすのと同じである）。ラカンのエクリチュールがそうした配慮を求めるのは、フロイト以降の混乱のいくつかを訂正するためであった。大文字と小文字で区別するのは、注意すべしという徴である。

シェーマLには、（消された）主体と、大文字の他者、そして想像界によって二つにわかれた小文字の他者（a／a'）が配置されている。

この図によって、いったい何が示されているのだろうか。主体は、最初の段階であり、そこから、対象を通って大文字の他者へと進まなければならないのだろうか。あるいは、大文字の他者が主体に先行するのだから、大文字の他者から対象を通って、主体に進まなければならないのだろうか。ラカンの検討を時系列から見てみると、主体が「分裂したもの」として特化され、対象aの概念が現われるより前に、大文字の他者の機能が検討されている。

実際、大文字の他者からはじめたほうが良さそうである。と言うのは、心理学的な夢想にラカンが風穴を開けたのは、まさにこの大文字の他者の場からだった。したがって、これらの機能を整理するためには、大文字の他者からはじめて、そのバリエーションを検討することにしよう。その後、ラカンがみずからの功績と自認しているところの対象の問題へと進むことにしよう。そして最後に、文化人類学的な変形が加えられた主体の問題を扱うことにしよう。ラカンによるマテシスを展開するのは、主体における他なるものの思考である。

第五章　他者の姿

　ラカンは大文字の他者という用語を導入した。他者が大文字で書かれるのは、その機能が強調されているからである。他者という言葉は、フロイトの著作の中にも現われなかったわけではないが、その概念がはっきりと定義されたのは、ラカンによってである。それが他者と呼ばれたのは、この機能における謎めいた、形而上学的、神話的な部分を強調するためであった。実際、他者という言葉は、サルトルからレヴィナスまで、存在論的―形而上学的な意味で用いられ、中心的な概念であり続けていた。他者は場合に応じてさまざまなかたちをとるので、他者とは何かという問いはつねに問われ続けていたのである。

　ラカンは、主体が他者への参照の中に捕らわれていると考えたが、この考え方の原型はヘーゲルの著作にある。実際、ヘーゲルの『精神現象学』では、主体は他者との弁証法的な参照において構成されると語られている。つまり、主体は「自我の意識」と他者による「再認」の弁証法によって頂点に達するというのである。ラカンが大文字の他者という概念を提案した一九五〇年代は、間主観性論(1)が優勢な時代であった。しかし、大文字の他者という概念は、むしろ間主観性論を乗り越える概念であった。ラカンは、間主観性論を「対象関係」の客観主義と競合させることで、間主観性論を真剣な討論の場に引きずり出した。ラカンは、主体と主体の関係から、主体と大文字の他者の関係に軸を移動させて、この問題を検討したのである（この問題は、のちに愛との問題で問い直されることになるだろう）。

（1）間主観性とは、後期フッサールの現象学の基本概念である。世界の意味は、個人の主観において了解されるのでなく、超越論的な場において他の主体と共同体を構成することで了解されるという考え方である〔訳注〕。

1　他者性の機能

ラカンが「大文字の他者」の概念を導入した日にちは、はっきりと特定できる。それは一九五五年五月二十五日のセミネールにおいてである。この大文字の他者という概念を導入するにおいて、場所《リユウ》と場《プラス》の概念を区別して扱わなければならない。

まず、大文字の他者への参照は、単に場《プラス》と表記される。場《プラス》は、大文字の他者の「個体―神学的」概念、あるいは存在論的概念とは無縁であり、「超越論的」なものではない。ラカンが「それはどこから語るか」という問いを主要な問題として取り上げるようになってから、大文字の他者は「場所《リユウ》」として参照されるようになった。つまり、大文字の他者は「パロールが展開される場所《リユウ》」（もうひとつの場面）である。ラカンは、次のように説明している。「それ（エス）は、大文字の他者において語ります。（中略）あらゆる関係において、パロールへの訴えを思い起こさせる場所《リユウ》そのものが、大文字の他者によって示されるのです」（E、六八九）。

一方で、大文字の他者の概念は、さまざまな形で重なりあっており、その多義性を忘れてはならない。この概念が持つインパクトを理解するためには、多くの「バージョン」を丁寧に把握しなければ不可能である。

これらの姿をこれから詳述し整理していくのだが、まず、大文字の他者が他者性の原理を否定的に示していることに気づくだろう。つまり、大文字の他者は、何らかの同一性や「類似性」に還元できないものである。ラカンは、主体がみずからの起源ではなく、対象によって惑わされる必要がないことを思い出させるために、その都度、大文字の他者の概念を導入している。ラカンは、メラニー・クラインを「天才的な臓器占い師[1]」と揶揄し、すっかり対象に惑わされて道を見失っていると非難した。ラカンによれば、主体が何かを感じ取って対象との関係に入っていくよりも前に、大文字の他者は既にそこにあったのである。また、主体が大文字の他者と「出会う」のは、自己性《イプセイテ》において不安定さを感じるさまざまな状況においてであることを理解しよう。

（1）古代ギリシャ人は、動物の臓器の形態や色から吉兆を判断した。ラカンは、対象から意味を読み取る姿勢を臓器占いのようなものであると非難したのである〔訳注〕。

大文字の他者の問題系は、シニフィアンの問題系と結びついている。したがって、大文字の他者を導入することは、純粋に想像的なものとしての自立性を認めないことである。別の言い方をすれば、象徴的なものによって想像的なものが決定されることを思い起こさせることである。大文字の他者は、シニフィアンの起源の場である。大文字の他者がなければ、身体のイメージはシニフィアンを持つことができないままである。

シニフィアンの領域が言表作用《エノンシアシオン》の領域のものならば、大文字の他者の領域は準拠《アンヴォカシオン》の領域である。この二つの領域を区別することは、最も本質的なことである。無意識は、こうした準拠の機能がなければ考えることはできない。

ラカンは、大文字の他者を参照する必要性について、次のようなトートロジーを使って表現している。「他者の他者はありません」。同じことを、シニフィアンの側面から述べたのが、「メタランガージュは存在しない」という定式である。別の箇所では次のように表現されている。「大文字の他者には、ひとつのシニフィアンが欠けています」。ラカンは、この定式を自賛して「精神分析における重大な秘密」であると述べるほどであった（セミネール六巻、一九五九年四月八日）。この呪文のような定式が最初に現われたのは、一九七五年の『主体の転覆と欲望の弁証法』においてである。この定式は、彼の死までずっと用いられ続けることになった。「私のマテームは、象徴界が大文字の他者の場所であることを示してくれますが、しかし、他者の他者は存在しません」（カラカスでのセミネール）。ラカンのグラフは、すべて、無意識を定義するもの、つまり主体（S）との関係において、大文字の他者を描き出そうとしてつくられたものである。シェーマLでは、他者は斜線を引かれたȺとして表わされており、欲望のグラフではS（Ⱥ）と記述されている。

2　大文字の他者、欲望、象徴界：身体と不安

大文字の他者は、象徴界の領域を参照しなければならないというのが原則である。「大文字の他者は、象徴界において基本的な位置を占めている」。しかし、すでに鏡像体験に関する論文から、大文字の他者への参照の根源的な重要性が指摘されていることに気づくだろう。子供は鏡の中（想像界）に「大文字の他者の眼差し」、言い換えれば（父性的な）「大文字の他者の承認」の印を求めているのである（セミネール八巻、一九六一年六月七日）。そして、主体が「最初の印を受け取る」のは、「対象関係」によってである（セミネール六巻、一九五八年十一月十一日）。

大文字の他者はパロールの場所である。したがって、象徴界と密接に結びついている（先述）。大文字の他者は、三項関係の一つである真実の証人の位置を占め、二つの主体のあいだで交わされるパロールの真実性の拠り所となる。ラカンは次のように述べている。「大文字の他者は、わたし《ジュ》が構成される場所です。私は、私に耳を傾ける者と語るのです」（E、四三一）。したがって、単純なコミュニケーション理論の立場に立てば、大文字の他者にはコードが書き込まれているということになる。実際、大文字の他者は「シニフィアンの宝です。大文字の他者は、シニフィアンが多重に結びついていることを知っていると想定されています」（E、八〇六）と述べられている。

他者が大文字で書かれるのは、それが基本的に象徴界の次元にあることを示している。小文字で書かれた他者は想像界に帰せられる（先述）。一九六八年から一九六九年にかけて『大文字の他者から小文字の他者へ』と冠せられたセミネールが行なわれたが、このセミネールによれば、大文字の他者は数学

的な「空集合」と同一視することができる。大文字の他者の言表作用によって、集合についてのあらゆる言表作用が可能になるのである。「ゲーム理論」における「計算」が可能となるのも大文字の他者のおかげである。

しかし一方で、大文字の他者は身体に見出される。他者によって引き起こされる情動で最も特有のものは、不安である。不安は「大文字の他者の欲望の感覚」である。「欠如が欠如する」とき、別の言い方をすれば、主体が欠如にみずからの支えを得ることが一時的に不可能となったとき、不安が生じる。大文字の他者が自分の似姿ではないと感じるときに、人は不安になるのである。この点については、フロイトの『禁止／症状／不安』を再読することをお勧めする。

3　欲求、要求、欲望

欲求《ブゾワン》、要求《ドウマンド》、欲望《デジール》は大文字の他者によって分割されている。欲求は、要求に従属しているが、根本的には疎外されている。大文字の他者を定着させるのは、愛の要求との関係である。そして、大文字の他者の欲望が構成されるのは、要求から欲望への移行によってである。この関係は、欲望のシニフィアンであるファルスの仲介がなければ不可能である。

格言的に定式化すれば、「主体の欲望は大文字の他者の欲望である」。人類学的な命題にまで拡張するならば、「人の欲望」は「大文字の他者の欲望」に過ぎないのである。

この三要素からなる弁証法をもっと詳しく理解しなければならない。まず、欲求は生物学的な次元のもので物質的なものであると定義される。要求とは、欲求が満足されるときに大文字の他者に向けて生じるものであり、無限のものである。要求は、ダナイデスの甕(1)のように、まさしく終わりのないものである。なぜなら、主体は欲求の満足を超えたところで要求するからである。ラカンは次のように述べている。「人が語るという事実によって、要求は人間の欲求の迂回路です。と言うのは、欲求は要求に従属しており、欲求は要求から疎外されて回帰するからです」(E、六九〇)。第三の要素である欲望が導入されるのは、要求の彼岸においてである。実際、欲望は「要求されない」。欲望は要求に捕らわれたとしても、欠如との関係として姿を現わすだけである。つまり、「欲望は無制限な要求を、完全な条件へと置き換えるのである」(E、六九一)。

(1) ダナイデスとは、ギリシャ神話に登場するダナオスの五〇人の娘たちのことである。ダナオスの娘たちは、政敵であるアイギュプトスの五〇人の息子たちと結婚させられるが、父も命により、初夜の床で夫の首を撥ねるように命ぜられ、一人を除いてこれを果たす。四九人の娘たちは、夫殺しの罪のため、明快で底の抜けた甕で泉の水を汲み続けるという永遠の罰を受けた〔訳注〕。

欲望と要求の弁証法は、神経症において顕著である。この二つは、トポロジー的なトーラスのかたちをとることになるだろう。

4 同一化：大文字の他者と「一なる徴」

象徴的な大文字の他者が、イマージュの中に書き留められるのは、同一化の作用によってである。大文字の他者の眼差しの重要性を理解するには、鏡像体験の項目を再読して欲しい。イマージュの中に大文字の他者を取り入れるときに手がかりとなるのが、「一なる徴」である。フロイトは、これを同一化の作用の特徴であると見なしている。

フロイトは「同一化の過程において、自我が愛している人物も、愛していない人物も模倣する」ことに注目した。「つまり、この二つの同一化から言えるのは、同一化は部分的で、非常に限定されており、人物―対象の一つの徴を借りているに過ぎないということである」(『集団の心理学と自我の分析』)。しかし、ラカンは、どうして「ただ一つの《ユニーク》」という形容詞を使わず「一なる《ユネール》」という形容詞を採用したのだろうか。それは、「構造」を強調することで、フロイトの概念の限界を乗り越えるためであった。

フロイトが「他者」という言葉を用いたのは、この論文の冒頭であった。この時、フロイトは単に「das Andere」と記載せずに「der Andere」と記載した。これは、「われわれの中にある異物の断片」としての他者を表わしている。つまり無意識である。フロイトの「集団の心理学」の特徴は、まさにこの点である。つまり、他者は、理想化と同一化の姿である。「個人の心的生活において、他者(der Andere)は、モデルとして、対象として、あるいは助けとして、敵対者として、定期的にやってくる」。これが、個人から集団を記述する際の重要な点である。

ラカンは、そこに「明るみに出た同一化の姿」を見いだした。彼が数学の集合論から、一なる徴という概念を着想していることは明らかである(セミネール九巻、一九六一年十二月六日)。「集団的な組織化や取り込みの領域には、欲求というものはありません。一なる徴とは、すなわち大文字の他者の承認の印です。この小さな印が機能するためには、主体が大文字の他者と遭遇するだけで充分です」（セミネール八巻、一九六一年六月七日）。一なる徴は、とくに、固有名詞の機能を明らかにしてくれる。

「象徴的な取り入れ」と「想像的な投影」は区別することができる。前者は自我理想であり、後者は理想自我である。フロイトは、これらを明白に区別しておらず、紆余曲折している。

5　主体と大文字の他者：大文字の他者は、私に何を望んでいるか？

大文字の他者の導入により、言語と記号が一体のものであるという誤解は決定的に解消された。また、コミュニケーションという概念は完全に転覆された。ラカンは、これをユーモラスなかたちで定義している。「人間のランガージュは、コミュニケーションを構成しています。コミュニケーションとは、発話者が受け手から反対のかたちで自分自身のメッセージを受け取ることです」。続いて、エクリの冒頭の文章を引用しよう。「ランガージュにおいて、私たちのメッセージは、大文字の他者から、しかも逆さまのかたちでやってきます」。「主体は、大文字の他者から、反対のかたちでみずからのメッセージを受け取るのです」。

大文字の他者によって、主体は「汝何を欲するか《ケ・ヴォワ》」という疑念の位置に置かれるのである。ラカンがこの言葉を見つけたのは、ジャック・カゾットの小説『悪魔の恋』からであると言われている。「汝何を欲するか」には、欲望する存在として張力が詰め込まれている。無意識の主体は、この根源的な困惑を巡って組織化されているのである。「大文字の他者は私に何を求めるのか」という問いは、一九五七年二月六日のセミネール（セミネール四巻）で言及され、その後もつねに問われ続けることになる。

6　享楽としての大文字の他者：身体と女性

ラカンは、一九六七年のセミネールを次のように締めくくっている。「大文字の他者の場所《リュウ》は、身体において以外、他に取り得るところはありません」（『セミネールの報告書』より）。

こうして「大文字の他者の享楽」という概念は議論されることになった。「大文字の他者の享楽」は、「ファリックな」享楽と対を成している。つまり、大文字の他者の享楽とは、女性の（相補的ではない）余分な享楽である。ラカンは、「大文字の他者の享楽は、ランガージュ、象徴界の外にあります」と述べている。

大文字の他者の享楽は、父の名の内にあるのだろうか、あるいは外にあるのだろうか。この問題について、ラカンは次のように述べている。「どうすれば、それがわかるのでしょう。すべての人にとって永遠の父は、時間の闇の中で消えてしまう白き女神という他者のあいだにおける名前でしかないのです。父の名は相違を生み出し、大文字の他者は永遠に享楽の位置に置かれます」（AE、五六三）。

大文字の他者に多義性が認められるのは、以上のような理由からである。つまり、母なる他者を介して象徴的な他者から享楽の他者へと至るのである。

第六章　対象の力

ラカンは、小文字のａと呼ばれる新しい対象を作った。彼は次のように語っている。「この代数記号で表わされた対象は、ある種の構成を扱い、それを探求するためにつくられました」（『ＦＥＰの手紙』）。したがって、対象ａは経験的な概念ではないが、それでも経験的な知の原則には基づいている。ラカンは次のように述べている。「対象ａを見ることはできませんが、分析実践の至る所に存在しています」（セミネール十三巻、一九六六年一月五日）。彼は対象ａについて語り、精神分析の実践に用いようとしたのである。しかし、対象ａはどのように定義されるのだろうか。ラカン自身も次のように述べている。「もし、それについて語ることが容易であるとすれば、対象ａとは違うかたちで呼ばれるでしょう」（ＡＥ、三六六）。ともかく、この概念の「発明者」の行動から、この対象ａという概念を読み取っていくことにしよう。

1　ラカンの発明

ラカン自身が述べているように、この対象ａという概念を用いることで、彼の理論の核心に迫ることができる。彼が対象aを発明したのは、一九六六年十一月十六日の『ファンタズムの理論』のセミネールにおいてである。その中で、みずからが対象aを発明したこと、これが分析理論を基礎づけるものになるだろうことを述べている。そのため、対象aは、ラカンが発明したという事実をことさら誇張する性格を帯びている。ラカンにとって、みずからの理論のオリジナリティ、彼が与えた衝撃について主張する時期がついに到来したのである。鏡像から父の名へと繋がる理論や現実界に関する論理も、この発明に上位席を譲らなければならなかった。対象aの発明は、ラカンが分析世界に起こした地殻変動の震源地であった。

しかし、対象aを描き出すためには、当時の対象の問題に戻って、この問題にラカンがどのような風穴を開けたのかという問いに立ち返る必要があるだろう。ラカンは、次のように述べている。「対象aは、私が作り、私が練り上げた概念です」（一九七二年）。「ですが、今や、これは私が作ったものの外にあります《エクス・ジスト》」（AE、三〇九）。このような性質の存在を、どうやって「存在《エクジステ》」させるというのだろうか。

一方で、ラカンは対象に関する既存の理論と長らく論争していた。フロイトにとって、対象は何より欲動の対象であった。メラニー・クラインの「部分対象」（最初に提唱したのはカール・アブラハム）は、「体勢」の枠組みや、体勢に関するファンタズムの中に、その面影を見いだせるものでしかなかった。ラカンが参照したのは、ウィニコットである。一九六八年、ラカンは、ウィニコットの「移行対象」について次のように告白している。「私は移行対象をもとに対象aを作り上げたのです」（セミネール十五巻）。

もう一方で、小文字の他者という概念にも、想像界の問題が吹き込まれた。つまり、小文字の他者は、鏡像的な「沈殿物」として形成されるとみなされた。この変革は決定的であった。なぜなら、想像的対象の彼岸に「欲望の対象」があると想定されたからである。この欲望の対象は、「非鏡像的」な対象である。ラカンは、別の表現で次のように説明している。「対象aのモザイクは、あらゆる自我化を不適切にしてしまいました」（セミネール十巻、一九六三年四月九日）。

この対象は、欲望のための対象であることを理解しなければならない。「対象a」は、欲望の原因となる対象を表現している。この考え方は、一九五八年から一九五九年にかけて行なわれたセミネール『欲望とその解釈』において現われている。一九六〇年に、対象aと名付けられるよりも以前である。ラカン自身は、対象aの芽生えを、『エクリ』の最後まで象徴的なものとして位置づけていた。彼は、対象aを最果ての点であると考えていたようである。

2 「対象関係」の試金石：欲求不満《フラストラシオン》、剝奪《プリヴァシオン》、去勢《カストラシオン》

この三つ組みの概念を理解するためには、これらが生み出された起源に立ち返る必要がある。ラカンは「対象関係」に対する辛辣な批判を通して、みずからの対象への道を開いたからである。ラカンは、一九五六年から一九五七年にかけて『対象関係』という表題を冠したセミネールで対象の問題を扱っているが、この問題は最初のセミネールから扱われてきたテーマである。当時、「対象関係《ホラシオン・ドブジェ》」という言葉はなく、バリントからブーヴェに至るまで、さまざまなかたちで語られていた。「対象関係」という言葉で統合されたのは、少しあとで、フェアバーンによってである。ラカンが「対象関係」の問題に取り

組んでいたのは、そうした時代であった。その頃、対象はさまざまに理解されていたが、ある程度のコンセンサスを有していた。対象は性器的愛（ブーヴェ）によって統合され、目的性のあるものとされていた。つまり、フロイトとは反対に、対象はリビドーから分離されつつあり、欲動を満足させることではなく（フェアバーン）、対象との関係を維持することが本質的であると考えられるようになっていた。

フロイトは、対象関連《オブジェクト・ベツィーウング》という言葉を非常に限定的に用いたことが知られている。フロイトにおける対象関連は、なによりも（メランコリックな）喪失の対象であった。ラカンは、これを欠如の対象として革新していくのである。エゴは「みずからの欲望が疎外された欲求不満である」（E、二五〇）とされた。ラカンの「対象の欠如という理論」は、欠如の様式と、欠如する対象の性質を区別することによって成り立っている。混乱を回避するために、この点を明らかにしよう。と言うのは、フロイト以降の精神分析は、主体と対象を「良い乳という旗のもとで」関係づけようとするあまり、口唇的な対象を強調しすぎて、去勢の概念が弱められてしまっていたのである。

ラカンが導入したのは、対象の欠如における三つの形態である。まず一つ目は、欲求不満《フラストラシオン》である。これは、現実の対象が想像的に欠如している状態である。二つ目は、剝奪《プリヴァシオン》である。これは、象徴的な対象が想像的に欠如している。三つ目は、去勢《カストラシオン》で、これは、想像的な対象が象徴的に欠如した状態である。

この三つの区別は、「欠如」を混同しないために導入された。フロイトは、欲求不満をあらゆる源泉として位置づけ、去勢を巧みに避ける方法であると見なしたが、ラカンは、これをフロイトの臨床における大きな間違いであると考えた。ラカンの功績は、「欠如」を、去勢をめぐる問いとして再び位置づけたことである。この三つの区別によって、ファルスは欲望のシニフィアンであると明確化されたのである。一九五七年から一九五九年ごろのことであった。

欠如の様式は、執行者としての他者にも左右される。欲求不満の執行者は、象徴的な母である。と言うのは、母が行ったり来たりすること、つまり母の在・不在の振り子こそが、欲求不満を作り出しているからである。また、剝奪の執行者は、「想像的な父」であり、去勢の執行者は、「現実の父」である。

3　対象aの運命：大文字の他者とファルスのあいだ

ラカンは、「対象関係」の「ひっかかり」を乗り越えると、すぐに、みずからの考案した対象を対象aと名付けた。

対象aは欠如というコンプレックスと関連して作り上げられたが、その効果は少なくなかった。分離と疎外の弁証法は、主体と他者の二重関係を明らかにしてくれた。主体はシニフィアンとして表象されたときから、疎外を避けられない運命にある。また、主体が構成されるとは、大文字の他者から切り離されることである。それが分離である。

『無意識の形成』で語られているように、主体と大文字の他者の分離をうながす加速器として決定的な役割を果たすのがファンタズムである。主体は、原初的ファンタズム（原幻想）において、乳房や糞便、ファルスといった対象として現われる（E、六一四）。それに伴い、『欲望とその解釈』において明らかにされるように、対象aとファルスのあいだに弁証法が生じる。対象の交換を支えているのが、ファリックな対象であるとすれば、「小文字のaは大文字の他者からファルスを引き算したものである」（一九六一年三月二十二日）。ラカンは、この問題を明確にするためにアガルマという概念を導入した。アガルマとは、転移における対象aの先駆者を提供するものである。

「対象a」は「部分対象」と全く無関係なわけではない。クラインの理論と直面することで、対象の理論が成熟したことは事実である。対象aは、ストア派の「非身体」と比較されるが、[1] むしろ、「身体の付属物」や「身体的な開口部」に関与している。ラカンは次のように述べている。「対象aは、欲望の手がかりとして、身体の付属物において選択されているのです。そのとき既にある機能にさらされています。すなわち、不在に対して向けられた機能です」（E、六八二）。対象aとして選択される有力な候補は、「乳首、糞便、ファルス（想像的対象）、尿」である。また、対象aは「解剖学的に、辺縁に位置するものに宿る傾向にあります。たとえば、口唇、歯の隙間、肛門周囲、陰茎の皺、膣、眼瞼裂、耳介の角などです」（E、八一七）。しかし、対象aが「眼差しや、声と言った現象」に宿ることもある。それから、「無《リアン》」にも……。

（1）ストア派学説では、自然界のものは、存在と非存在に分かつことができる。存在するものは、身体を保有しており、非存在は、思索の中で誤って生じた「非身体」あるいは「モノ」に属するものと考えられた〔訳注〕。

「対象a」が「部分対象」を決定的に乗り越えるのは、表象されない、思考不可能な対象として認知されるときである。

4 欲動の対象

ここで再び、欲動の対象に戻ることにしよう。フロイトの欲動は、シニフィアンの理論によって否定され、対象aに置き換えられたように見える。しかし、ラカンは欲動を放棄したわけではなかった。対象の理論は、要求と欲望の二重性を明確にすることで、新しい次元を獲得したのである。ラカンによって、対象の理論が体系化されたのは、『対象関係』のセミネールにおいてである。それによれば、口唇的な対象は、他者への要求の対象であるが、肛門的な対象は大文字の他者の要求の対象である。また、視覚的な対象は大文字の他者への欲望の対象であるのに対して、聴覚的な対象は大文字の他者の欲望の対象である。この二つの対象は、その機能から、眼差しの対象と声の対象と呼ばれている。

欲動は、フロイトのメタ心理学の基礎を成す概念である。ラカンは、欲動の回路を記述しながら、それを独特のかたちで用いている。つまり、欲動は目標に達するために回り道を取ると言うのである。その結果、欲動は穴の周囲を巡るような道のりをとる。ラカンは、フロイトが発見したことをまとめ上げ革新したのである。つまり、ラカンは（性的）欲動には「満足することが好ましくない」何ものかがあると考えたのである。

ラカンは次のように述べている。「対象aが何の役に立つかというと、欲動を覆い隠すためです。対象aは的の中心に狙いを定めますが、的の中心を外すことでしか的に届きません」（AE、三一〇）。

したがって、リビドーは「欠如する部分」、あるいは「非現実の」器官と同一視される。対象aに再び力を与えるのが、リビドーである。メルロ・ポンティの現象学の重要な点は、対象aの役割を、見えるものと見えないもののあいだの不在として取り出したことである。シニフィアンと対象aは、欲動の生物学的なモデルとの決別をもたらした。「欲動は、そこに言葉があるという事実が身体にいて反響しているのです」（セミネール二十六巻）。これは、ジョルジュ・バタイユの「異質学」を思い起こさせる。バタイユは、人間の欲望における「蕩尽」や「呪われた部分」を純粋な対象から抜き出したのである。

5　欲望の対象とその姿

ラカンは、対象aを欲望や、欠如、現実界の側に位置づけることによって、フロイトにおける対象の欠如という概念を革新していった。しかし、彼は、一九五九年から一九六〇年にかけて行なった『精神分析の倫理』のセミネールにおいて、それまで積み重ねてきた欲望の概念と決別したのである。新たに導入されたのは数学的な思考であった。つまり、対象aは「質だけではなく数の概念をもたらしたのである」（セミネール九巻、一九六二年六月二十日）。たとえば、狼男の夢――ファンタズムにおいては、狼の「数」が重要な意味を成している。狼男は「金貨の数」にみずからを同一化したのである。ただし、狼男が同一化した「金貨の数」は、数え切れないものとしての数字であったが……。

いずれにせよ、人が「無」に同一化すると対象aの矛盾が現われる。「無 rien」という言葉は、ラテン語の rem（何ものか）という言葉を語源とする。つまり、「不発の対象」であり、文字通り「何ものか」である。したがって、対象aは無《リヤン》である。ただし、対象aは単なる無ではない。「対象aは、分析行為を成り立たせているものであり、対象aには否定できない何ものかがある」（セミネール十五巻、一九六八年三月二十日)。対象aを文字通り人間の欲望へのアイロニーとして受け取ると、それは不安やマゾヒズムを通して、同一化からファンタズムへと変遷する欲望の運命であると読み取ることができる。

6　対象と「余剰享楽」：享楽、欲望、愛

享楽は、対象と対を成す概念である。「対象は、享楽を参照することによってのみ存在論的な道が開かれるのです」(セミネール十六巻)とラカンは述べている。

一九六一年の『転移』と題されたセミネールで、アガルマという言葉が用いられた。この言葉は対象と享楽の出会いを表わしている。アガルマとは、ソクラテスの中にある貴重で光り輝く対象であり、欲望の原因――対象である。マルクスが言うところの「より価値の高いもの」への参照は、一九六八年から、「余剰享楽」として特化されることになった。

享楽という概念は、そのころ基礎づけられたと言えるだろう。その後、享楽の概念自体は再調整されながら練り上げられていった。

享楽の概念が現われたのは、一九五八年三月五日の『無意識の形成』のセミネールにおいてである。享楽は、鏡像体験において、その存在を見いだすことができる。享楽という言葉は、もともと快楽主義的な生活を意味していたが、ラカンの享楽はヘーゲルを参照としている。実際、概念としての享楽を作ったのはヘーゲルである。ヘーゲルは、主人の享楽と、奴隷の享楽という二つの享楽を対立させた(セミネール十四巻、一九六七年五月三十一日)。しかし、ヘーゲルはふたつの享楽を対置しただけではない。他

者との関係における欲望と享楽の二元性が示されたのである。

つまり、享楽はランガージュと身体への二重の参照において成立している。語っている主体《エートル・パルラン》は、語ることで身体の享楽から切り離されている。しかし、それによって意味を受け取ることが可能となり、享楽の一部を言葉の中に潜り込ませている。言い換えると、主体は、享楽の他者(つまり身体)とランガージュの他者(つまり「語る主体《パレートル》」の享楽)のあいだに挟まれたものである。享楽は「暗号化の作用」と結びついている。

享楽は、「身体の外にある」ファリックな享楽と、性関係のマテシスで表わされる身体的な他者の享楽に分裂しているように見える。身体の享楽(他者の享楽)と、ファリックな享楽を分かつのが、まさに対象aである。ラカンは「このaという対象は全く驚くべきものです。なぜなら、対象aが身体の享楽(生命の享楽)と〈ファリックな享楽〉を分かつからです」(『第三のもの』)と語っている。対象aが、身体と身体の外側に、同時に寄りかかっていることを理解しよう。

ようやく、対象aの効果を摑み取ることができたのではないだろうか。症状は、シニフィアンの形成物であり、同時に享楽の被嚢であるが、「欲望を叶える享楽を可能としているのは愛である」(セミネール十巻。一九六三年三月十三日)。「愛は、それを欲さない人に持っていないものを与えることで成り立っている」(セミネール十二巻、一九六五年五月十七日)。したがって、他者に向けられるものとしての愛は、きわめて矛盾に満ちた定式を含んでいる。ラカンは次のように述べている。「あなたは、私が送るものを拒絶してください。なぜなら、私が送るのは、それ、つまり〈対象a〉ではないからです」(セミネール二十巻、一九七三年十月二十二日）。要求は、提供されるものに対してあまりにも巨大であり、拒絶することで、要求としての他者に向かって回帰する。対象ａが要求の彼岸を支えているもの、つまり欲望として記載されるのはそのためである。対象ａは、交換不可能な不在である。

第七章　主体の機能

主体という概念は、長らく構造的な思想によって追求されてきた概念だが、いつも「実りのない話」であると見なされていた。ラカンは、この主体の問題に再び挑戦したのである。彼は、想像界／象徴界の概念を用いて、「自我はつねに主体の半分でしかありません」(E、三四六)と述べるに至った。「真の主体は、無意識の主体です」というのである。ラカンは、「主体の存在」をセミネールのプログラムの中心に据えるものであると述べている(セミネール十二巻、一九六六年五月五日)。

主体は、最もラディカルな意味において、ひとつの「仮説」である。しかし、主体は単なる憶測などではない。主体は無意識と欲望の下で理論的に位置づけられなければならない。精神分析は、ラディカルな主体の仮説によってしか支えられないからである。もしも、精神分析が主体の概念なしで済ますことができるなら、精神分析を維持するために高い犠牲を払わなければならないだろう。

フロイトが主体の概念を検討したのは、彼のメタ心理学においてである。これは、控え目だが必要にかられての検討であった。フロイトは、当初、対象性《オブジェクタリテ》という言葉で主体について語っていた。それは、ナルシシズムや欲動の運命、更に言えば「自我の分裂」の問題を考察するためであった。自我の分裂を考察する際に、「主体の機能」が重みを増していったのは偶然ではない。

1　主体と無意識の科学

決定的な転機となったのは、鏡像段階が「〈我思う《コギト》〉」に直接的に由来するあらゆる哲学」（E、九三）の対極として位置づけられたことであった。ラカンによれば、精神分析の主体は、「科学の主体」である。ラカンは、科学の主体によって、デカルト的公準を追い払ったのである。ラカンは次のように述べている。「精神分析家の実践は、科学の主体以外の主体を含んでいません」（E、八六三）。

フーコーは狂気を寄せ付けないものとしてデカルト的理性を導入したが、デリダは「我思う」に狂気の前提が残存していることを指摘した。ラカンは、この点についてはデリダを継承したが、主体が分割しているという考え方を導入した。ラカンによれば、主体は欲望の対象と大文字の他者との関係によって、決定的に分割されているとみなされなければならなかった。彼は「言葉における主体のドラマは、存在し損ねたものを体験することです」（E、六五五）と述べている。主体のポジションが最も際だった形で明らかになるのは、否定の現象においてである。これは、イポリットとの論争を通して練り上げられた。主体の分割は、主体がどのように判断するのかという問題を再考する必要を生じさせた。したがって、主観化の力動における、主体のすがたを明確にしなければならない。

ラカンは『論理的時間と先取りされる確実性の断言』（一九四五年）において、「囚人のパラドックス」を検討することで、主観化における時間的弁証法を明らかにした。主観化が成立するためには、三つの時間が必要とされる。つまり、「それを見る瞬間」、「理解する時間」、「結論を出す時間」である。それぞれの時間によって主体は異なる姿をとる。第一の時間では、主体は「人は知っているl'on sait que」の「人on」のような非人称の主体であり、意味を付与する《ノエティック》主体である。第二の時間における主体は、主体的な主張として表わされる個人的な知の主体である。これは心理的な私の本質を成す理論的な主体である。第三の主体は行為の主体である。いわゆる無意識の主体が明らかにされるのは、行為によってである。

2　主体とシニフィアン

シニフィアンの理論による恩恵のひとつは、主体を「シニフィアンの効果」として再検討したことである。つまり、「シニフィアンが主体を決定付ける」（セミネール九巻、一九六二年五月三十日）という考え方である。ラカンは、ロワイヨモンでのセミネール（一九六〇年九月）で、「主体は、シニフィアンによって他のシニフィアンのために表象される」という重要な定式を導入した。この考えは、『同一化』のセミネール（セミネール九巻、一九六一年十二月六日）で発展させられた。主体の機能によって、シニフィアンと記号《シーニュ》は以下のように区別される。記号は「誰かのために何かを表象するもの」であり、「シニフィアンは、他のシニフィアンのために主体を表象するものである」（セミネール九巻、一九六二年一月二十四日）。

つまり、言表行為《エノンシアシオン》の主体は言表《エノンセ》の主体ではない。言表行為の主体とは、何かを意味しようとする意図を持った主体のことである。したがって、シニフィアンの領域から疎外されており、絶えず他のシニフィアンへと帰せられなければならない。言表作用の主体を支えているのは、ランガージュである。言表行為の主体は、「言表の主体において、現に語りつつある主体を指示する語」（E、八〇〇）、あるいは「転換子《シフター》」と同じである。「私は彼が来ることを恐れている Je crains qu'il ne vienne」という文に挿入される虚辞の ne は、主体の不協和、つまり、言表の核心において主体が欺かれていることを示している。

別の言い方をすれば、「主体の原因を成しているのがランガージュである。そして、原因とはシニフィアンである。と言うのは、シニフィアンが無ければ現実界にはいかなる主体も存在しないからである。一方で、その主体もシニフィアンが表象したものである。また、他のシニフィアンがなければ、主体は何も表象することができないのである」。したがって、次のように言い換えることができる。「人は主体について語ることはできない。主体について語るのはエスである」（E、八三五）。

フロイトの自由連想の原理は、自分の知らない欲望を明らかにするために、話し手である主体を「シニフィアンの蓄電池」の位置に置くことであったことを思いだそう。シニフィアンは、主体の出現にとって主体以前のシンタックス[1]として要請されるのである」（AE、一八二）。

（1）言語記号の意味を考慮しないで、その形式的関係のみを考察する学問のこと〔訳注〕。

したがって、次のような結論を導きだすことができる。主体は、ランガージュを用いるような何ものかではない。主体はランガージュにおいて起こるものである。その代わりに、主体にはシニフィアンへの狂信がない。シニフィアンの運命は、「言辞の効果」である主体に秩序付けられている。無意識は、主体とランガージュを結びつけている。われわれが無意識について問うことは、ランガージュにおける最も鋭敏な点について問うことである。つまり主体を問うことに他ならない。

3　斜線を引かれた主体、大文字の他者と対象：ファンタズム

主体と大文字の他者は、二つの作用によって対象と関係付けられている。ひとつは疎外、もう一つは分離の作用である（先述）。主体が外在エクス・ジストするためには、主体は対象において疎外され、大文字の他者から自由にならなければならない。

分析的行為が成立するのは、こうした主体の弁証法的な照合によってである。しかし、それが明白に現われるのは、ファンタズムを通してである。

主体は、大文字の他者や対象との関係においてS（Ⓐ）と表記される。主体が活動できるのはファンタズムに限られるので、ファンタズムはS◇aと表記される。読み方は、エス・バレ・ポワンソン・アーである。対象に戻ると、ファンタズムが主体に何を与えたかを見ることができる。つまり、主体は対象a（つまり欠如の対象）と出会って「斜線を引かれた」もの、分裂したものとして働くのである。

「ポワンソン」は、ここで決定的な役割を果たしている。◇の印は、ラカンが発明したもので、一九六〇年に執筆された『主体の転覆と欲望の弁証法』から、一九六六年のセミネール『ファンタズムの理論』まで、繰り返し用いられている。「ポワンソン」は、結合と同時に分離を表わしており、最も大きく、最も小さな関係である。「小文字のa」は、残余であると同時に、主体の衰退における支えでもある。主体の衰退は、大文字の他者の衰退と相関している。実際、ファンタズムは大文字の他者の空虚さに直面した「悲哀」への対処である。

4　分裂した主体：主体の機能と無意識

「主体の機能」というものが存在すると言うことは、抑圧、否定、排除、否認といった無意識的体勢としての「防衛」メカニズムとは異なる防衛様式について問い直すことである。主体が分裂していると言われるのは、こうした文脈においてである。ラカン理論において、主体が貴族の庶子を表わす斜線によって消されているのは分裂していることを強調するためである。ラカンは次のように述べている。「主体がロゴスにおいて分節化されるところの背後には分裂があります」（E、六四二）。主体における分裂は対象aの効果である。

ラカンは、フロイトの「自我の裂け目《クリヴァージュ》」の概念をおおむね参照している。実際、自我は去勢を認めるという態度と、否定するという態度によって引き裂かれている。曖昧な言い方になってしまうが、この裂け目は自我の統合機能が自我自身に由来するものではないことを示している。自我を特徴付けているのは、こうした裂け目である。対象aは、この裂け目の中に潜んでいる。裂け目が主体を「貫く」対象を想定するのである。

あまり知られていないが、フロイト理論の中にも主体の概念はある。しかし、それは非常に限定的に用いられている。その点については、拙著『フロイトのメタ心理学入門』を参照して欲しい。フロイトの著作を徹底的に調べ上げると、主体は『欲動とその運命』において、リビドー論の付け足しとして、「ナルシスティックな主体」という表現で登場している。フロイトは、自我の裂け目を表わすときに、Subjektという言葉を用いたこともあった。しかし、フロイトは引き裂かれた主体については考慮したにも関わらず、それを名付けるまでには至らなかった。

ディスクールは、斜線を引かれた主体によって決定され、対象aとS1、S2といったシニフィアンによって記述される。

主体を考察する視点は、二つあった。ひとつはフロイト思想、もうひとつは哲学的な視点である。哲学における主体論、「反主体」論の変遷に対して、ラカンはフロイトの影響下にあり、反主流派で原初的な立場を貫いている。ラカンによれば、主体が形而上学的な夢想であり、無益なものとするのは真実ではない。無意識の主体を位置づける場所は確かにある。主体に関する思想は、あらゆる想像化に対する解毒薬として必要である。象徴的な考察を与えることで、自我を優位な位置から引きずり下ろすことができるからである。精神分析という学問分野が成立するのと、科学の主体への参照が認められるようになったのが同時期であったのは偶然ではない。こうした無意識の主体は、自立したものとはほど遠いものであり、シニフィアンの連鎖から疎外されたもの、大文字の他者において消された関係に捕らわれたものである。したがって、主体は欲望の対象と去勢によって分裂したものとして考えられるようになった。主体とは、閉じることができない留め金を無理に留めているような状態であると言えるだろう。

第三部　分析的行為とマテーム。構造と症状

精神分析の知と精神分析の実践は互いに影響を与えあっている。この相互作用を支えているのが、ラカンがまさに「フロイト的」と定義する「領域」である（セミネール十一巻、一九六四年一月十五日）。

分析的実践の中心は臨床である。ラカンにとって、臨床はラディカルに価値を持ち続けていた。確かに、定式を作り理論を練り上げることが、ラカンの言葉の中心を占めているのは事実である。ところが、彼は控えめなかたちで臨床実践を行なっていたことを忘れてはならない。彼は症状を「現実界」の審級へと格上げした。「絡まり合った症状、つまりシニフィアンの核を解きほぐすのは現実界です」（一九七三年）と、ラカンは述べている。症状が構造として組織化されるのは、神経症、倒錯、精神病の三つ組みにおいてである。

また、ラカンは分析的臨床的行為自体も考察した。これは、分析家の養成制度から生じた問題である。ラカンは、この問題が精神分析運動の渦中においてみずからの運命に与える影響力をはっきりと自覚していた。彼にとっては行動こそが第一であった。「実践とは、それを行なうため必ず明確にされなければならないものではない」（AE、五一三）と考えられたからである。

最後に注意しなければならないのは、ラカンの理論は実践的に書き表わされたものなどではなく、彼の行動を記述したものだという事実である。ラカンの理論はマテームを作り上げることで形成されていくのである。

ここから、われわれはラカンの言表を押し広げて留め金を閉じることにしよう。ラカンは次のように述べている。「構造とトポロジーが厳密に等しいということを明らかにすることができると思います」（セミネール二十巻）。

第八章　神経症、精神病、倒錯

ラカンの精神分的臨床への貢献のひとつは、構造という考え方を導入したことである。したがって、症状はシニフィアンの秩序に依拠しており、シニフィアンは構造を拠り所としているという一連の考え方を理解しなければならない。

ラカンによれば、主体と症状の関係は基本的なエクリチュールにおいて関連づけられている。この考え方がラカンの精神病理の基礎を成している。つまり、現実界―象徴界―想像界の三つ組み、欲望のパラメーターという考え方によって、臨床的現実が構造的に解読されるのである。また、トポロジーは構造の理論である。

症状は信頼できる唯一の指標だが、一方で、大文字の他者や対象と主体との関係に影響を受けるので、基本的な方程式を導きだすことが必要不可欠である。

1　臨床家としてのラカン

臨床家としてのラカンは矛盾に満ちている。臨床についての発言は事欠かないが、それについてのまとまった言説となると、とたんに少なくなってしまう。

フロイトが絶えず自分の症例に依拠しながら発言していたのに対して、ラカンは自分の実践についてほとんど語っていない。その代わり、ラカンはフロイトの「五大症例」を集積し、臨床を理解するためのモデルとみなした。また、それらを念入りに再考して活力あるものとして生まれ変わらせたのである。五大症例とは、①ドラの症例（美しい魂のヒステリー的な弁証法）、②ねずみ男の症例（神経症の個人的な神話）、③狼男の症例（ファンタズムの構造）、④シュレーバーの症例（排除のドラマ）、⑤ハンスの症例（恐怖症の結晶化）である。『対象関係』のセミネールでは、ハンスの症例を検討するのに多くの項数が割かれている。また、同じセミネールでは、「若い同性愛者」の症例についても言及されている。ラカンは皮肉を込めて次のように語っている。「私は、症例をやたらに提示することはしません。しかし、症例を出すときには範例として提示します」（AE、五五）。

一方で、ラカンはポスト・フロイト学者の範例的な臨床症例を幾度となく取り上げている。エルンスト・クリスによる「脳みそを食べる男」、ルース・レボビッチの「一過性倒錯」、ヘレーネ・ドイチュの「鶏男」、マウリス・ブーヴェによる女性の強迫神経症などである。しかし、事後的に手を加えられたり、ロジーヌ・ルフォールの「子供―狼」や、ロベールの症例のように、既に紹介されていた事例に頼ることもあった。

ラカンは、最初から最後まで、患者を学生の前で紹介するという教育法をやめなかった。この方法は、ドーメゾンが指導するアンリ・ルッセル病院で習得されたものである（ラカンは、『エトゥルディ』の中で、彼にオマージュを捧げている)。ラカンは、こうした手法によって臨床と関わっていたのである。

ラカンの臨床は、他の臨床家からの借用によって支えられていたと言える一方で、彼自身の臨床は、みずからの言表と「マテーム」をつねに支え続けていた。ラカンは、いわゆるお仕着せ臨床と決別するために尽力した。ラカンは、お仕着せ臨床に対して「宝石店に入って、好きなだけ宝石を買いあさるようなものです」と言って非難している。ラカンにとって決別しなければならないのは、宝石店のような臨床概念であった。しかし、宝石店のようなお仕着せ臨床が、現実臨床に光を灯すものとして考えられていた当時の雰囲気を忘れてはならない。

2　構造的臨床

一九三一年に、ラカンが執筆した『パラノイア精神病の構造』は、精神病の本質を論じるものであった。ラカンは、一九二〇年代から、精神病理学的な鑑別的解読へと研究の軸を移動させていた。その結果、精神医学的な前歴史性としてゲシュタルト理論の構造についての考え方を参照できるようになっていた。クレペリンの病型分類から、アンリ・エーの「器官力動」への移行であった。フロイトの無意識は、それまでの知の理論を転覆させてしまったが、ラカンは、無意識が何らかの概念でさえないならば、「無意識の構造こそが概念である」(AE、四三三)と考えたのである。症状という現実を扱うことができる概念は、フロイトの欲望に関する理論であった。ラカンは、それを構造としての無意識を把握するために用いたのである。

ラカンにとって、構造を参照することは至上命題であった。また、ラカンの構造論は「人格」論と対立するものとして運命付けられていた。ラカンにとって、「構造主義者」のレッテルは不明瞭でつまらないものであった。一九六六年、ラカンは次のように述べている。「構造主義は、バラが咲き続けるように咲き続けるでしょう。（中略）構造は近寄ることができるようなものではありません。なぜなら、それは現実界に記入されているからです」。また、構造は主体の中にも書き込まれている。構造をさらに押し広げることは、シニフィアンを「物質化」することへと繫がる。

そうした意味において、ラカンの発明した神経症、精神病、倒錯の三つ組みは、まさに構造である。それらは、欲望とのあいだに特有の関係を構築している。したがって、この関係構造を明らかにすることが、無意識の現実における主体の「角」を見つけることである。

3 構造と症状

症状のないところに構造はない。「症状の昇格」は、まさにフロイト的な行動であった。前述したように、症状はシニフィアンの効果として定義されるので、意味作用こそがかたちを与える真実である。意味作用は症状を形成している包皮のようなものである。この考え方は、クレランボー以来、ラカンが忠実に守り続けていた思想への反対表明であった。ラカンは次のように述べている。「症状が完全に解き明かされるのはランガージュの分析においてです。なぜなら、パロールはランガージュから派生しているからです」（E、二六九）。「症状を読み解くことができるのは、症状が既に記述過程《エクリチュール》において埋め込まれているからです。症状は無意識の特殊な形成物です。症状を決定づけているのは意味作用ではありません。シニフィアンの構造との関係です」(E、四四一)。身体症状も、またシニフィアンの凝固であり、オロフラーズ[1]のごときものとして解き明かされる。

この第一期の症状定義は、ヤスパースの解釈学からラカン理論を区別するという意味で非常に重要である。「理解することを慎みなさい」(E、四七二)と、ラカンは警告を発している。それは、「理解すること」が聞くことを阻害し、とくに読むことを損なわせてしまうからである。ラカンは症候や特異性をあげつらう臨床心理学、あらゆる解釈学との決別をはかったと言える。彼は、これらを「世界的な猥褻言動」とまで言って非難している。

しかし、第二期に入ると、現われてきた症状の現実界の側面——つまり享楽である——が検討された。症状は、シニフィアンの形成に過ぎず、現実界が主体と欠如を結びつけているというのである。要約すれば、ラカンは「症状は構造である」という理論を推し進めたのである。

フロイトにとって、症状は抑圧された欲動と禁止のあいだの妥協物であり、反動形成や満足の代用品であった。フロイトは「症状の意味」について考察を行ない、患者は満足すること自体に抵抗を示すという事実を発見した。ラカンは、シニフィアンと享楽の理論を導入することで、満足と抵抗とい

(1) オロフラーズとは、複数の単語を接続して一つの文章のような意味を持った言葉である。たとえば、Je-t-aime のような言葉を作ったとすれば、それはオロフラーズである〔訳注〕。

う二つの機能を再配分したのである。

4 神経症：要求と他者の欲望

神経症的袋小路とは、要求と欲望の乖離であると定義される。神経症者は「他者の影響下」にあり、「神経症者は大文字の他者が去勢を要求していると想像している」。したがって、神経症者はたゆむことなくみずからがファルスを所有していないことを示し続けなければならない。しかし、こうした犠牲の理論と並列して、みずからの欲望が被った被害について不平をもらすのが神経症者である。もっと直接的な表現をすれば、神経症者はみずからの欲望に臆病な者のことである。

ヒステリー者は、大文字の他者の欲望、あるいは決して満足させられない欲望を持ちたいという欲望にとらわれていると言える。フロイトが呈示した「キャビアの夢」がそれを良く現わしている。ラカンは次のように解説している。「彼女は女性なので自分の欲望を欺くことしかできません。というのは、この欲望は他者の欲望の欲望に過ぎないからです」（E、四五二）。強迫神経症者も同じく欲望の疎外を受けているが、それは依存というかたちにおいてである。強迫神経症者は、絶えず大文字の他者の要求の支持を取り付けようとしながら、（最後に）この大文字の他者が破壊されるのを望んでいる。強迫神経症の主体は、みずからの欲望が異質なものであると感じている。強迫神経症者においては、不可能な欲望という形式が禁止によって支えられている。恐怖症は、そこに予見された欲望のかたちを付け加える。

恐怖症は神経症と倒錯のあいだの「ターンテーブル」である。

神経症における欲望と要求との関係は「トーラス」[(1)]というかたちで、トポロジー的に表象されるだろう。

（1） 種数が1の閉曲面。最もありふれたトーラスはドーナツ型である〔訳注〕。

5 精神病と排除

ラカンは、精神病を対象とするために、あらゆる理論的な道具を作り上げた。「精神病とは、いかなる場合にも、それを前にした分析家が一歩も引き下がれないようなものです」。この言葉が、ラカンの臨床への言及の幕開けであった。ラカンの出発点は、ヒステリーから出発したフロイトと明らかに異なっている。ラカンにおいては、父の名や現実界といった精神病を理解するために特化して作られた理論が目立つのも偶然ではない。

よく知られているように、ラカンにとって最初の臨床的報告は、エメの症例である。エメはアクティング・アウトする女性のパラノイア患者であった。彼女の本名は、マルグリット・アンジューで、結婚前の姓はパンテーヌであった。パンテーヌ家は農業を営んでいた。彼女は、最初の妊娠のとき被害的な症状を呈した。結果的に、その子供は死産し、宗教的な妄想が体系化された。彼女は最初の子供、ディディエ（後にラカンの弟子となる）を出産したあと被害観念に捕らわれ、一九二四年に病院に収容された。彼女は若い女性向けに文学作品を書き始め、二本の小説を完成させた。そのうちの一つを出版しようとしたところ出版社より拒絶されたので、彼女は怒り狂って、拒絶した担当者に会うために出版社に突撃した。また、一九三一年四月十八日、彼女は劇場から出てきた女優のユゲット・デュフロに非難を浴びせ、ナイフで傷を負わせた。そのため、一九三一年六月三日に、サン・タンヌ病院に入院させられた。その時、彼女は三十八歳であった。彼女は、ラカンから面談というかたちで援助を受けた。ラカンが一九三二年に完成させた博士論文において、主要な症例を提供したのは彼女である。ラカンは彼女の中に自罰パラノイアを見いだした。ラカンは、それを「自罰のコートハンガー」（E、六六）という言葉を用いて表現している。当時、ラカンはパパン姉妹の犯罪（一九三四年）における「感化された文章」や「シゾグラフィ（構文上の誤りはないが、造語の並置などによる文意不明を特徴とする書法の障害のこと）」（一九三一年）に興味を抱いていた。

しかし、シュレーバーを再読することによって構造的な読解ができるようになった。ラカンは次のように述べている。「排除とはシニフィアンの排除です」（E、五五八）。フロイトが狼男の症例で用いた「拒絶《ホジエ》」とは別のものである。なぜなら、「排除」という言葉は象徴界に現われるからである。「精神病が起きるために、象徴界における事故、言い換えれば、大文字の他者に代わって父の名が排除され父の隠喩に失敗しているという事態が必要です。これが神経症との構造的な違いです」（E、五七五）。父の名の排除は精神病構造を「記す」のである。「精神病が発病するためには、父の名が排除され、主体の象徴的な対立において、父の名がかつての大文字の他者の位置に戻って来る必要がある」。それに伴い、「象徴界から排除されたものが現実界に現われるのである」。現実界は幻覚や妄想に道を開くことになる。「現実界は、完全な孤独の原因」である。

フロイトは、シュレーバーの妄想を記述することを通して、精神病概念の萌芽を築いていった。フロイトは、これを「回復過程」であると記載している。フロイトは次のように記述している。「われわれが注目せねばならないのは抑圧過程を逆戻りさせ、リビドーから遮断された対象に再びリビドーを備給せしめるところの回復過程である。パラノイアの場合、その回復過程は投影過程を経て行なわれる。患者の内界に抑圧されている感覚が外界に投影されるのである」(『自伝的に記述されたパラノイアの一症例に関する精神分析的考察』、三三八)。ラカンはフロイトの言葉を翻訳しようとした。つまり、ナルシシズム/リビドーの経済学を、「内部/外部」、「取り込み/投影」の二元論を越えた領域に位置づけようとしたのである。しかし、ラカンがフロイトの診断に対して、重要な変更を加えたことは注目されなければならない。つまり、同性愛的な欲動の表出が被害妄想へと変わるというフロイトの考えを、ラカンは象徴的な系譜に繋がる排除のメカニズムによって置き換えたのである。

精神病において、大文字の他者は次のように認識される。第一段階では、精神病は大文字の他者の想像の産物だろうと認識される。第二段階になると、精神病者の大文字の他者は「完全なるもの」であるとみなされる。これは、精神病が大文字の他者における欠如を統合するものであると考えられるのと明らかなコントラストを示している。精神病者は、神経症者と反対に、ラカンが対象aと呼んだものを欠いている。対象aの中でも、とくに欠いているのは「声」である。

6 倒錯、あるいは享楽の法

倒錯は第三の構造である。ラカンは、構造からのアプローチによって、セクシュアリティの発達から倒錯を把握する考えと決別したと言える。

倒錯者は、法の外にあるわけではない。倒錯者は、純粋な法に挑戦することで、法に背くことを目指しているのである。倒錯者は、享楽の他者の役に立たせようとみずからを用いる者のことである。カントとサドは正反対に見えるが、彼らは法に対する態度の裏表である。「倒錯者は、享楽を確実なものとするために、みずからが大文字の他者であることを想像する」(E、八二五)。一方で、「フェティッシュ」は、「欲望の完全な原因」を備えた対象であるとされる。

7 「サントーム」

一九六五年、ラカンは症状 symptôme の古い綴字法をもとに、サントーム sinthome という言葉を作った。これは聖なる男 saint homme と同音異義でもある。この言葉は、ジョイスの小説を念頭において作られた。サントームは、ＲＳＩの三つ組みに対する四つ目の言葉であり、臨床的な意味作用を有している。というのは、サントームを通して症状という雲母の存在を見ることができるからである。サントームは、父の名の欠如を補うために現われる。思い切って踏み込んで言えば、サントームは（小説のような）「創作物」のように、父の名の代わりを果たし、脱象徴化に陥るのを防いでいる。ラカンは、ジョイスにとって「無意識から逃れること」が「創作の圧力」になっていると解釈している。

「サントーム」の概念が導入されたのは、症状をトポロジー的な問題として扱うことで、「脱医学化」するためである。しかし、ラカンの「理論的サントーム」という発明も、「症状」ごときものを再発明しようという野心の表われなのだが……。

第九章　分析の終わりと、「分析家の欲望」

「言われていることの背後には、聞かれていること以上のことが忘れられています」（AE、四四九）

ラカンは、この目が眩むような定式を用いて、精神分析をランガージュの行為《アクト》と定義したのである。彼が精神分析の実践について考察したのは、一九六七年から一九六八年にかけて行なわれた『精神分析の行為』のセミネールにおいてである。分析行為に関する検討であるが、分析の知が全く問われなかったわけではない。むしろ、知の領域で多くのことが獲得された。しかし、精神分析の行為については、より重大な問題点を浮かび上がらせた。つまり、精神分析行為は「恥ずかしい」たぐいのものだと言うのである。「分析家はみずからの行為を怖れています」と、ラカンは『ル・モンド』紙に寄稿した手紙の中で語っている（一九八〇年、一月二十四日付）。なぜなら、分析家はみずからの行為を「否定し《ニエ》、拒否し《デニエ》、認めない《ルニエ》からである」。分析家の「行動《アクシオン》」が人間存在の核心へと近づくに従って、分析家の存在の核心を構成するような倫理が必要となってきた。それは、分析家が「魂の補助者」であるといったものでは全くない。「精神分析家がみずからによってしか自己を根拠付けることができない」（AE、二四三）のは、分析行為が自由裁量に任されているということではなく、みずからの支配下に置かなければならないということである。分析家の行為は、いかなる「他律的」な権威によっても正当化することができない。分析家の行為よりも、「真実の」行為なのは愛の行為である。分析の場における愛の行為とは、すなわち被分析者の転移である。転移とは無意識を行為に移すことである。

1　分析的関係：「充溢した」パロール

精神分析をパロールの関係と考えるならば、フロイト以降の精神分析において失われてしまった二つの要素が強調されなければならなかった。ひとつは「主体同士の充溢した関係」であり、もうひとつは「充溢したパロール」である。後者は「空虚なパロール」と対置させられる。ラカンは次のように述べている。「真の精神分析は、人とパロールの関係の中にその基礎を置いています。（中略）人とパロールとの関係は、精神分析という仲介物において明らかになるのです。根本において、人はこの関係を知りません。このことは驚愕すべきことです」（AE、一六五）。この時期のラカンは、ハイデッガーによる真理の隠れなさ《アレーテイア》の機能に関心を抱いていた。それが精神分析の真実性を強調するのに役だったことは事実だが、精神分析自体に何らかの存在論的な充溢があるとみなすことは間違いである。「おしゃべり」、つまり「空虚なパロール」に対して、「充溢したパロール」は精神分析の最中にしか生じない。充溢したパロールが生じるとは、コミュニケーションの逃げ道ごときものにおいてパロールが洗練され、純粋な意味作用の機能を取り戻すことである。そのためには、特殊な意味作用の想像産物や、意味作用の意図から逃れなければならない。こうした状況が整えられることで、パロールが真実とのあいだに関係を築くことができるのである。したがって、精神分析の役割は真実のパロールを取り戻すために、主体と直面することである。それは、分析家への想像的な同一化を超えたところで、パロールの宛先として分析家を参照することである。「充溢」や真実性が生じるのは、「定められたパロール」としてである。精神分析の行為は「象徴的な効果」を取り戻すことである。

手短に言えば、「あらゆるパロールは答えを要請する」。間主観性という概念が「客観化」という考え方を非難するのに役立つのは、大文字の他者の審級への参照によって、「客観化」を根本的に乗り越えているからである。大文字の他者の審級は間主観性という「沼地における敷石」のようなものを構成する。分析家と被分析者のあいだには、大文字の他者が横たわっている。「人間の人格心理学において間主観性が重要性を持つに至ったのは、人格心理学にも、パロールの場としての大文字の他者が導入されたことに他ならない」(AE、一六七)。分析家の態度は、しばしば「閉じた顔に、縫い合わされた口」と形容される。つまり、「分析家の感情は、このゲーム、つまり死のゲームにおいてしか、自分の場所を持つことができない」(E、五八九)のである。ラカンは次のように語っている。「精神分析家は、患者を〈君はそれである〉という恍惚とした限界へと連れて行くことができます。この場所では、死すべき運命の暗号が示されるのです」(E、一〇〇)。

2　分析家の行動、あるいは転移

転移は「無意識を行為に移したものでしかない」。当初、転移は、行動や言葉、分析行為の時間性を形成しているものと見なされていたが、ラカンは、これを革新し、分析時間や分析操作に本質的に結びつけられた関係と考えたのである。

ラカンによる転移の概念がどのように誕生したのかを検討すると、彼が意味作用の弁証法において転移を理解したことがわかる。転移が生じるためには、まず、対象の昇格が必要である。もともと、転移は投影として読み解かれていた。ラカンによれば「患者にとって、想像的転移は多かれ少なかれ太古的なイマーゴを持つ人に向けられる」（E、一〇七）。つまり、転移は「障害」のひとつであり、「主体における何でもないもの」であるか、間主観的な弁証法における停滞のごときものとされていた。ドラの症例を再読した際には、「純粋な弁証法的な意味においての転移は、主体におけるネガティブなもの、それを解釈する精神分析家が運用すべきもの」（E、二一八）であると見なされていた。

次の段階では、転移は「象徴的なもの」であると考えられた。つまり、「人が真に、また充溢した仕方で他人に語りかける度に象徴的な転移が生じる」（S1、一二七）と考えられたのである。大文字の他者への呼びかけという観点から、転移は空虚だが理解するためには必要な場であるとみなされた。

最後の段階は、一九六〇〜六一年にかけての、転移に関するセミネールにおいてである。これは、それまでの考え方と決定的に断絶している。転移の問題は対象の問題と密接に関係付けられ、分析に内在する倫理の問題へと帰結された。

3 「精神分析の倫理」

ラカンは、同名のセミネールにおいて、精神分析を被分析者の立場から非常に印象的なかたちで定式化している。「精神分析の観点からは、少なくとも次のようなことが言えます。精神分析を受ける人にとって、唯一良くないことはみずからの欲望に譲歩することです」（セミネール七巻、一九六〇年一月六日）。欲望という概念の示すところを広くとるならば、この定式は、欲望の真実に立ち向かうことを命じていると考えられる。欲望の真実は「自己犠牲」などという道徳を越えたところに存在しているのである。

神経症者が「欲望の次元」における臆病者であるとするなら、分析はモノと直面することを提案する。「欲望は大文字の他者からやってくる」、「享楽はモノの側にある」ということを理解しよう。

4 転移と「知っていると想定される主体」

ラカンは、転移について「知っていると想定される主体」が現われることであると表現した。これまで分析の障害でしかなかった転移が、分析にとって必要不可欠な条件となったのである。ラカンが転移と「知っていると想定される主体」を結びつけたのは、一九六四年六月十日のセミネールにおいてである。「知っていると想定される主体がどこかに現われたならば（中略）転移があります」（セミネール十巻）。分析家が知っていると想定される主体の位置を占めることが重要である。そこには、患者にとってのイマージュ、転移的な幻影が宿るからである。それが分析状況を維持しており、分析家／被分析者の関係によって映し出されるのである。一九六八年に、ラカンは「知っていると想定される主体を無視すること」という表現を用いている。これは、治療の根幹を成す問題である。

フロイトは、転移を「濃密な感情関係」であると位置づけたが、これは誰の目にも明らかなように理論的後退である。フロイトは、転移を情動の移動であると考えた。ラカンは、転移を「知的に分析した」のだろうか。確かに、知は「転移の愛」から生じている。人は転移の愛を知であると想定し、それを愛するのである。そうした経験を、ラカンは愛憎 hainamoration という合成語で表現した（セミネール二十巻）。これは、知の次元における愛情の「アンビバレンツ」のことである。

一九六四年に、ラカンは転移と反復を区別したことにも注目しよう。これは、象徴界と現実界、想像界の彼岸のあいだにある区別を強調するためである。

5 「分析家の欲望」

ラカンは、分析家について次のように断言している。「精神分析家が治癒に導くものであることは間違いありません」（E、五八六）。「精神分析において最後の段階で作用するのは、分析家の欲望です」（E、八五四）。

ラカンは「相互的な分析」や、分析家と患者のあいだに「治療同盟」（フェレンツィ）が作られるという夢物語を受け入れなかった。分析セッションが中断される可能性を残すことの重要性が、いわゆる「短期セッション」と共に強調された。ラカンの実践のなかで最も異論が多かったのは、この点である。ところが、ラカンは短期セッションについて文章としてほとんど残していない。

また、ラカンはフロイト以降流行した「逆転移」という概念に反対する立場を取った。ラカンは「転移とは患者と分析家の両者が含まれる現象です。したがって、転移と逆転移という言葉に分割することは、そこで真に起こっていることを理解することから遠ざかることです」（セミネール十一巻、一九六四年六月十日）と語っている。つまり、分析家は自身の欲望を殺さなければならないにも関わらず、分析を動かしているのは分析家の欲望に他ならないというのである。分析家の欲望の対象は、自身の個人的な享楽ではなく、分析家であろうとする欲望でもない。それは、主体ひとりずつの真実の手形として、「欲望の秩序」に位置づけられる分析の欲望である。こうして分析家の振る舞いが強調されるようになったが、これは「精神分析が近代的主観性への傾向において重要な役割を果たしている」（E、二八三）という考えと呼応している。

対象理論の発展は、この点を明らかにするものである。これは、次のような有名な言葉に要約される。「分析家はティレシア〔ギリシャ神話に登場するテーバイの予言者〕の機能を引き受けるだけでは不充分です。アポリネールが言うように、分析家は乳房を持たなくてはなりません」（セミネール九巻、一九六四年六月二十四日）。これは、分析家が肉体的な存在であり、対象の側面における支えであることを意味している（これは「良い母」とは全く別のものである）。この考え方により、分析家は徐々に対象の似姿へと位置づけられることになった。分析家は、対象aの似姿として特徴付けられ、「ゴミ」として「聖なる」位置を占めるのである（AE、五一九）。ラカンは「実際のところ、唯一の抵抗は分析家の抵抗です」（セミネール二巻）と述べている。

6　分析家の養成：「パス」から袋小路（アンパス）へ

ラカンにとって、精神分析家をいかにして養成するべきかという技術的な問題は、一九四九年にSPPの教育委員会の規則を編纂してから、つねに問題意識の中心にあった。これは、「教育分析」や、どうやって被分析者に分析家の資格を付与するのかという問題に通じている。ラカンは、その後、SFPの時代に、ふたつのテキストを残している。『分析状況と精神分析家の養成』（一九五六年）と『精神分析の教育』（一九五七年）である。後から思えば、この論文が書かれた時期は一九六三年にラカンが「教育分析家」の資格を喪失するというトラウマ的な出来事のほんの入り口に過ぎなかったのである。

「最も適切な分析家の養成」とはどうあるべきか。この問題について、フロイトはいわゆる「教育分析」を前提として考えていた。フロイトによる教育分析の基本原理は、一九二二年に公言され、ベルリン協会で実施された。ラカンは、「治療的分析」と「教育分析」を区別することに反対した。この問題は、「分析家の欲望」を問うという、ラカンの基本理論に位置づけられるからである。

組織の権力者にとって重要だったのは精神分析の規範と制度を守ることであった。一九六七年、ラカンはこの問題に回答をもたらそうと決定的な一歩を踏み出した。つまり、分析家として認められるような分析では、いったい何が生み出されるのかを問い直したのである。分析家はどのように保証されるのだろうか。「精神分析家になるという欲望の通り道の保証」をどこに求めれば良いのだろうか。ラカンは『学派精神分析家への提言』の中で、「パス」と呼ばれる独特の手続きを定義している。学派精神分析家になることを希望する被分析者は、渡し守と呼ばれる人に申し込む。彼らもまた、学派の分析家によって選抜される。学派分析家として権威付けられるためには、被分析者は精神分析について渡し守に語らなければならない。渡し守はみずからの過去に照らし合わせて被分析者を迎え入れるかについて証言を行なう。この証言は渡し守制度以外の審査員から集めることができない類のものである。この証言をもとに、審査委員会が決定を下すのである。渡し守自身は審判には関与しない。分析の生き生きとした体験は仲介者―証言者を介して伝えられる。また、この仲介者―証言者制度は、次世代の学派分析家の「審査員」を教育する役割も兼ねている。こうした養成制度に不安を抱く向きがあるのは当然である。ラカンは、一九六九年十月から渡し守制度を提唱していたが、一九七八年に「完全な失敗」であったと認めるに至った。しかし、分析家にあるとされる知への信仰を引き剥がし、被分析家になることを再定義しようという前代未聞の企てが失われてしまったわけではない。ラカンは精神分析の終わりと「通り抜ける人《パサン》（被分析者）」における分析の欲望を評価したのである。さらに、四人組（審査委員会が平均すると四人のメンバーで構成されるため）が、トポロジー的な意味における核の原理、あるいは第四の構造にしたがって、分析における転移を可能とする装置として現われることを指摘したのである。

7　分析のおわり

分析の目的《ファン》は、その終わり《ファン》になって決定されるものである。ラカンは「分析作業の本質的な原動力は、想像界とaとの距離を維持すること」であると述べている。被分析者にとって、分析家は想像界、つまり理想を具現化したものとして呼び覚まされるので、「分析家がaという分離機を支えるためにはみずからの価値を下げなければならない」（セミネール十一巻、二四五頁）。

「分析とは、知っているとされる主体が凋落し、その場所に主体の分裂の原因とされる対象aが到来することによって成り立つのである」（セミネール十五巻、一九六八年一月十日）。つまり、分析が成立するときには、被分析者の主体が「罷免」されている。「ありのままの対象aは、被分析者が対象aをみずからの欲望の原因と認めることによって空っぽになっていくのである」（AE、三七五）。これは、被分析者の側から見ると、症状へと同一化することである。つまり「症状と付き合い、症状と折り合い、症状を操る方法を知ることである」。

症状と折り合うためには、基本的な「ファンタズムを横断」しなければ不可能である。「分析にとって本質的なことは、被分析者が意味作用のかなた、還元不可能で意味を持たないトラウマ的なシニフィアンまで到達することである。被分析者は患者としてそれを遂行する義務を負っている」（セミネール十一巻）。

これが、フロイトの『終わりある分析と終わりなき分析』（一九三七年）のラカン流再読解である。

フロイトは、この著作の中で分析の終わり頃に生じる障害について言及している。つまり、治療への抵抗、去勢不安の出現と同じように、自我の防衛やトラウマの力の高まり、欲動的な抵抗が生じるというのである。ラカンによれば、治癒とは主体がみずからの欲望に直面することでついてくる「おまけ」のようなものである。

したがって、フロイトの有名な格言「Wo es war sol lich werden」は、「エスを追い出したところにしか、自我はやってこない」と読み取られなければならない。もっと言えば、無意識の真の主体は、疎外を引き起こす同一化の核を追い出すことによって得られた「存在の場」から「生まれる」のである。

第十章　メタ心理学からマテームへ：分析の記述

「性的関係は存在しません。これは私が語ることの本質です」（セミネール二十六巻、一九七八年十二月十二日）

「なぜ、人はできるだけ厳密に語ろうとしないのだろうか」。これは、フロイトが精神分析について述べた言葉である。ラカンは、この言葉を受け止め、フロイトの挑戦を継承したのである。彼は当時の「最新科学」を取り入れるなど、大変な努力をしながら厳密な理論を作り上げようとした。われわれは、その試みをマテーム（数式素）に見て取ることができる。

ラカンのマテームは、最終的に、無意識と性の関係を「無―関係」であるとするまでに至った。こうした結論へと至る認識一般に関わる争点を理解しよう。

ラカンは、哲学、言語学、民族学を援用しながら自説を展開したが、次に取り上げられたのは（トポロジー的な）数学モデルであった。ラカンの数学モデルは、自身の「核となる」理論の数式化と、象徴的な理論への参照の二つの方向に進められた。これらは「マテーム」と名付けられ蓄積されていった。マテームは無意識の知を構成するあらゆる理論的言表を事後的に描き出したものである。

ラカンの定式化は、その時系列に従っておおよそ三つに分けることができる。一つ目は、一九五五年

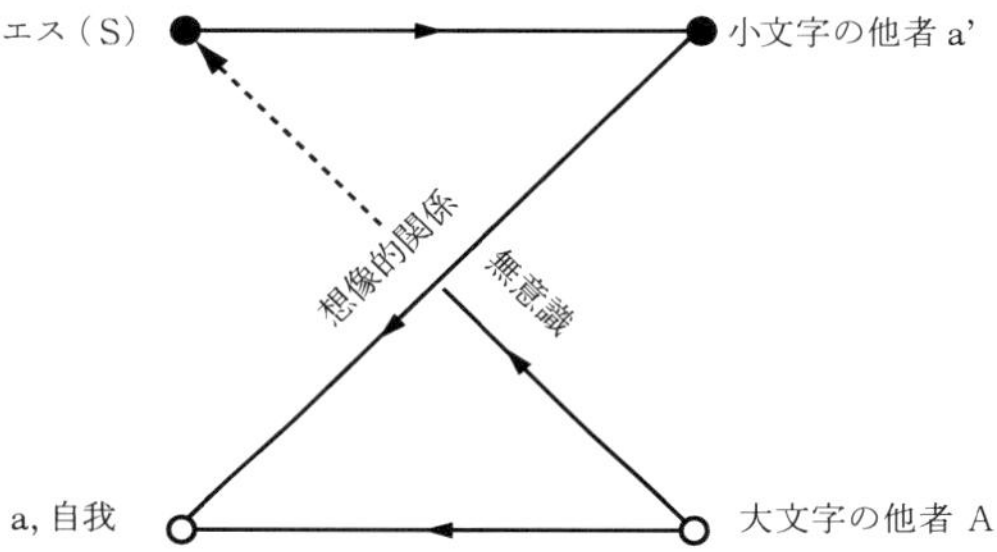

『エクリ』より

から一九六〇年のあいだのシェーマとグラフである。二番目は、一九六二年から一九七二年のあいだのトポロジーから借用したもの。三番目は、一九七一年から一九七二年に積み重ねられた性別化の定式とディスクールの理論、そしてマテームである。

1　マテシスと道具：シェーマとグラフ

ラカンは、パロールとエクリチュールを繋げようとしたが、その鍵となる役割を果たしたのは、彼が作ったシェーマである。グラフについては、「現実空間ではありません。類似ものが描かれうる何かです」（セミネール五巻、五月二十一日）とラカンは述べている。つまり、ラカンはグラフを用いて「それがなければディスクールの機能が果たせないような要素と関係」（セミネール六巻、一九五八年十一月二十六日）を記述したのである。次々と作り出すシェーマから、彼のグラフの進歩を、そして彼のエクリチュールの「状態」における真の「動力学」を読み取ることができるだろう。

すべては、シェーマLからはじまった。このシェーマが最初に現われたのは、『盗まれた手紙』（E、五三）に関するセミネールにおいてである。

最初の時期（一九五五年）には、主体（S）（フロイト理論におけるエスにあたる）と自我（a）、小文字の他者（a'）と大文字の他者（A）の二つの対になる基本的な要素が定められた。この「シェーマL」は、マテシス(1)の原型である。a―a'という想像的な関係と「無意識」の名にあたる主体―他者との関係が中央で交差している。このモデルは、間主観性のモデルも満足させている。この四要素からなる要請は、ラカンの理論にとって必要不可欠なものとなっていった。「四要素の構造はつねに主体の秩序の構成において要請されます」とラカンは述べている。このA、m、a、Sの四つ組みは、セミネール一巻から既に登場している。

（1）普遍数学のこと。数学の明証性と演繹性をモデルとして、すべての学問を統一的に共通の秩序のうえに基礎付けようという試み〔訳注〕。

このシェーマは、シェーマRによって明確にされる。シェーマRは、『精神病に関するあらゆる可能な治療に対する前提的な問題について』（一九五八年）で導入された。しかし、本格的に展開されたのは、一九五五年から一九五六年にかけてのセミネールの三巻においてである。

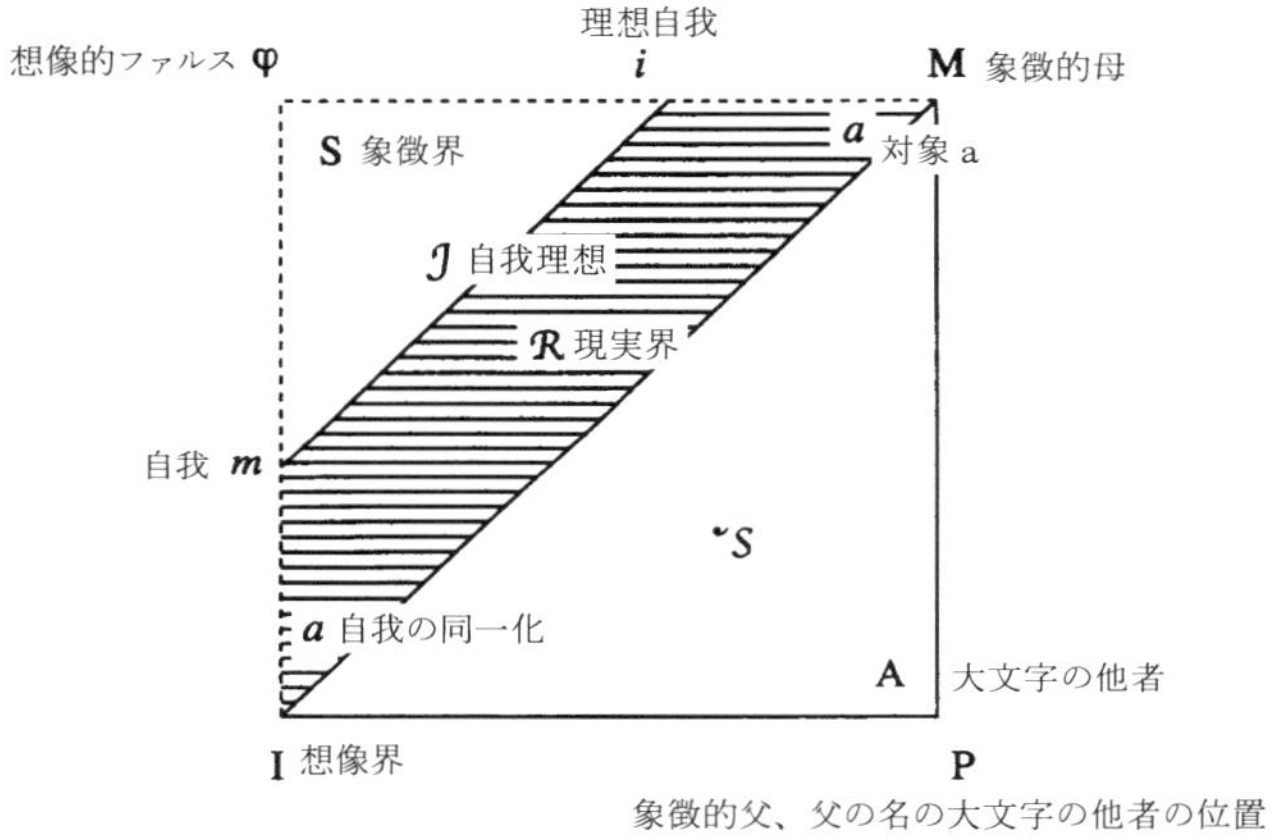

『エクリ』より

シェーマRでは、現実界、象徴界、想像界がひとつの平面に位置づけられた。その結果、構造的な視点を持つことができるようになった。象徴的な三要素である'SはIPMの三角形の領域であり、シェーマの右下に位置づけられた。この領域は大文字の他者（A）の場所として父の名（P）と関係している。想像的な三要素であるℐは、i、φ、mの三角形から構成され、左上に位置づけられる。ℐは、想像的なファルスへの主体の同一化を示している。現実界は、想像界と象徴界のふたつの三角形に挟まれた四角形の領域である。主体は、鏡像的な理想自我と、象徴的な自我理想として描出されている。

転換期が訪れたのは、「欲望のグラフ」の導入によってである。

主体は、分割されてS̸、自我はm、自我理

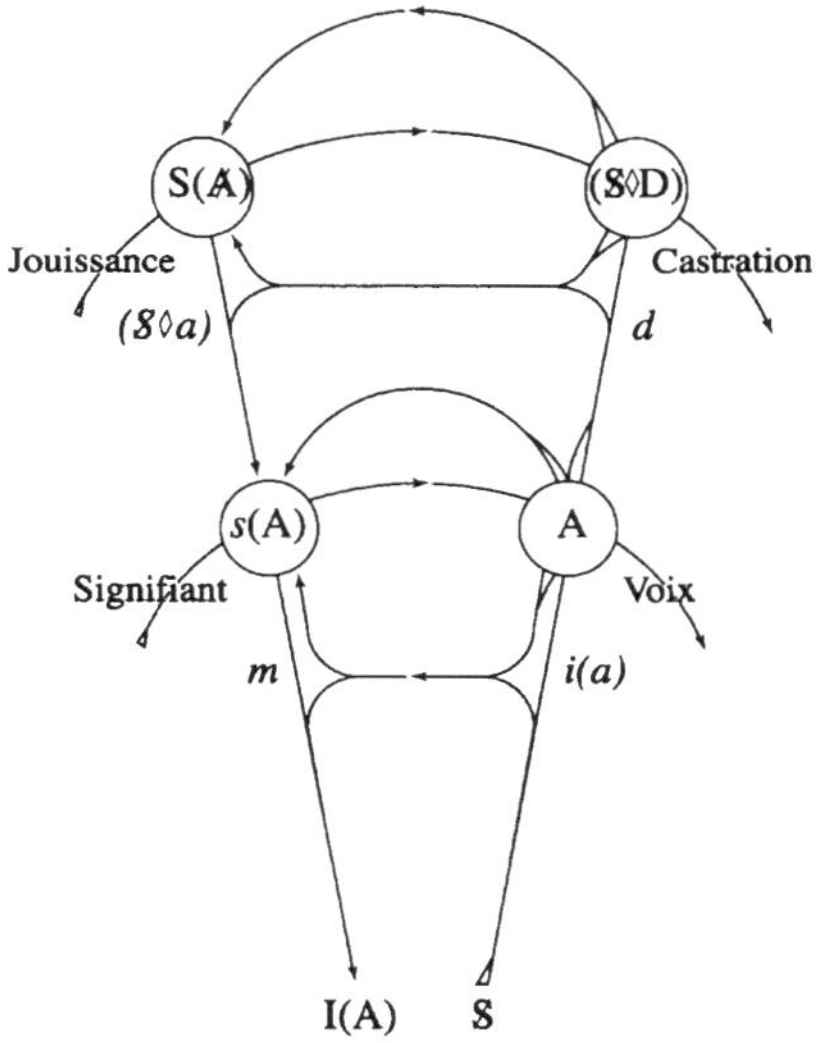

『エクリ』より

想と理想自我は区別され、それぞれI（A）、i（a）と記載された。このモデルは、間主観性のモデルから決定的に離別している。大文字の他者はもはや主体ではなく、シニフィアンの宝庫であり、シニフィアンのコードの場所とされた。また、主体は想像的同一化と象徴的な同一化が交差するところに位置づけられたが、大文字の他者との構造的な関係においては、欲動、欲望、ファンタズムの中に位置づけられた。「汝何を欲するか《ケ・ヴォイ》」という問いが発せられるのは、この大文字の他者からである。欲望のグラフは二階建てになっている。一階部分のs（A）とAを繋ぐ線は、大文字の他者へのメッセージを示している。S̸とI（A）、つまり分割された主体と自我理想を繋ぐ線は、ランガージュの主体化を示している。グラフの二階部分では、（愛の）要求との関係で分割された主体であるS̸◇Dと、斜線を引かれた大文字の他者と主体との関係を示すS（A̸）が繋がれている。S̸◇aが示しているのは、ファンタズムである。

2 トポロジー（1）

ラカンによるトポロジーの援用は決定的な認識論的な変化であった。彼のグラフは、トポロジー的な記載によって引き継がれた。トポロジーのメリットは、「想像界の情報を最大限に痩せさせる」ことである。トポロジーが導入されたとき、ラカンは「もしトポロジストでないのにここにいる人がいれば、何と無駄なことでしょう」と述べている。

トポロジーが広がりを見せたのは、一九七〇年代で、言語学的なモデルを参照することに行き詰まりが見えてきた時期である。これは偶然の一致ではない。とは言え、一九五三年のローマ講演でも、既にトーラスは言及されていた。「言語学」的な診断は、ラカン思想の肥大化したトポロジー化と釣り合いをとっている。この問題は、『エトゥルディ』（一九七二年）で取り上げられた。これは、ラカンのトポロジーが最初にまとめられたセミネールである。

ところで、ラカンはなぜトポロジー（トポロジーと名付けられたのは、一八三六年、リスティングによってである）に依拠しなければならなかったのだろうか。リスティング自身の言葉によれば、トポロジーは「形状の質的な側面、点や線、平面、立体の相互的な位置や結合の法則に関する研究である。トポロジーは、これらの要素における大きさと長さの関係を抽象化したものである(1)」。つまり、トポロジーは質的、空問的な属性についての研究であり、数量的な幾何学と対置される。トポロジーとは、境界と近傍を強調して変形を行なっても維持される幾何学的な属性について検討するための学問である。ラカンは、初期のセミネールで、想像界・象徴界・現実界の三つ組みと、愛、憎しみ、無知の四つを結びつけるために、古典的幾何学から四面体の概念を参照していたが、トポロジー的な幾何学のほうが、彼に豊かな着想を与えることになった。トポロジーは「ゴムの幾何学」、あるいは「やわらかい幾何学」である。ラカンがみずから述べているように、彼のトポロジーは理論ではなく、「ディスクールの断絶」を明らかにし、原初的な構造を変形するものである。つまり、内と外の分割を越えたところにある無意識空間を再思考し、現実界と想像界、象徴界を結びつけるためのものである。「トポロジーは、私たちを数学的なディスクールへと誘うような非空間《ネスパス》ではありません」と、ラカンは述べている。

(1) J・リスティング、『トポロジー入門』、一八四七年。

トポロジーの最初のモデルは、一九六二年の『同一化』のセミネールに現われた（最初に仄めかされたのは一九五四年であるが）。

その原型はメビウスの輪である。メビウスの輪とは、一つの面と一つの縁しか持たないリボン型の輪のことである。ラカンは、ユーモアを込めてこれを「反リボン」と呼んだ。メビウスの輪が用いられたのは、トポロジー的な幾何学が計量的な幾何学に対する転覆であることを示すのに最も適切な図形であったからであろう。メビウスの輪は裏面と内部が交わり、外部と交流する場所である。

ラカンから見ると、この半ひねりして閉じられた帯は無意識を記述するのに適していた。なぜなら、無意識はある場所において意識と共存しており、その場所が無意識の主体だからである。他にも二つの対象が彼の興味を惹きつけた。トーラスとクロスキャップである。トーラスは要求を表わすのに用いられた。トーラスは神経症構造を表現するのに適しており、トーラスの中央を占める穴は欲望を表現するとされた。また、分析的解釈を行なうことは神経症の袋小路を示しているトーラスを切断して、メビウスの輪に変換されることであると考えられた。クロスキャップは射影平面のひとつである。これは、主体とファンタズム、あるいは対象aとの関係を考えるのに適していると考えられた。つまり、これらの要素はクロスキャップの断面に位置づけられるのである。

しかし、トポロジーを導入したことで問題も生じた。それは、「ゲシュタルトの機能を与えるものから身を守りつつ、どうやってトポロジーをイメージするか」という問題である。

3　トポロジー（2）：ボロメオの結び目

トポロジーの二つ目のモデルは、「ボロメオの結び目」を導入することで、一九七二年に現われた。「ボロメオの結び目」とは、ミラノのボロメオ家の家紋から拝借した三つ組みの結び目のことである。この家紋は三つの円環が絡み合ったものであり、この文様が家紋として飾られるようになったのは十五世紀からである。ラカンによれば、この文様は指輪のようなものであったらしい。いずれにせよ、ボロメオの結び目はＲＳＩの結びつきを考えるのに、「思いがけず」適した図案であった。まるで、ラカン

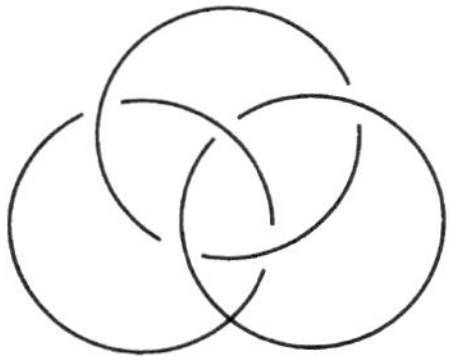

『テレヴィジオン』より

はこの結び目を使って精神分析の家紋を高めようとしたかのようである」。（セミネール十九巻、一九七二年二月八日）。

ボロメオの結び目は、「象徴界、想像界、現実界」の彼方に、構造的総体を考えることを可能とする。この結び目は三つの円環が互いに結びつきあったものとして表わされる。三つの輪はそれぞれの穴を有しており、この三つは独立した円環である。もし一つの円環を切断すると、他の二つもばらけてしまう。これは、想像界、象徴界、現実界が三つ組みとして、お互いに結びついていることを表わしている。つまり、ある一つの輪が他の一つの輪に結びついているのではなく、一つの輪はつねに他の二つの輪と結びついているのである。

ボロメオの結び目を導入することで、対象a、ファリックな享楽、大文字の他者の享楽を読み解くことが可能となる。症状とは、ＲＳＩの三つの次元を繫ぐ四つ目の円環である。

一九七五年に導入された「サントーム」は、いわば重層決定されたトポロジー的な意味作用である。

「拡大された精神《プシケ》は何も知らない」。これは、フロイトの晩年の格言の一つである。この格言は、局所論的な問いの投影図であった。フロイトの局所論から、ラカンのトポロジーにはいったいどんな変遷があったのだろうか。この問いに答えるのは単純ではない。「射影幾何学、位置解析の表面に記載されているトポロジーは、フロイトにおける視覚的なモデルと同じように受け取ってはなりません。トポロジーは隠喩の並びにあるのではありません。構造自身として現われるのです」(AE、二一九)。ここでは、「心的装置」の表象が数学化されている。

4 マテーム(数式素)

マテームは、一九七一年十一月に作られた。マテームが「精神分析の知」と共に語られたのは偶然ではない。これは、セミネール二十巻『アンコール』や『エトゥルディ』より前のことである。マテームはラカン自身の用語を打ちのめすような道具である。したがって、彼のそれまでの「グラフ」や「定式」は、プロスペクティブ、レトロスペクティブ両面からマテームとして記載することが可能である。マテームによく似た言葉として、マスマタという言葉がある。(1) この言葉が、アルフォンス・ドーデの日記『ドゥロー』(2) で現われたことは興味深い。また、マテシス(普遍数学)を思い起こす人もいるだろう。ラカンは、ブールの論理的代数学を精神分析に当てはめたのである。みずからのグラフや定式との断絶は同時に「ミ

$$\frac{\text{執行者}}{\text{真実}} \qquad \frac{\text{他者}}{\text{産物}}$$

テーム（神話素）」との決別でもあった。

（1）西洋中世において、知恵に達するために必要な四つの学問とされた。その四つとは、数論、幾何学、天文学、音楽である〔訳注〕。

（2）アルフォンス・ドーデが亡くなったあと、彼の日記は出版された。それは、彼の罹患した梅毒の苦しみ、同じく療養中の病人たちの姿を描写するものであった〔訳注〕。

ラカンが重要視したのは伝達可能性であった。彼によれば、「純粋なマテームのランガージュは伝達される可能性を有した唯一のもの」であった。ラカンは、「数学的形式化」を「私たちの目的」、「私たちの理想」と評することをためらわなかった。「マテームだけが、完全に伝達されることができます」（セミネール二十巻、一九七三年十月二十二日）。パロールにおける主観的効果を除くことができるのは、マテームだけである。

ディスクールを構成している四つの要素（マテーム）――主のシニフィアンS1、知を表わすS2、分割された主体$\$$、対象a――は、それらが位置する場所に応じてディスクールを決定している。

四つのディスクールは次頁のように書き表わされる。

フロイトも、『科学的心理学草稿』において、精神――神経装置を代数化

$$\frac{S_1}{\$} \longrightarrow \frac{S_2}{a}$$

主人のディスクール

$$\frac{S_2}{S_1} \longrightarrow \frac{a}{\$}$$

大学のディスクール

$$\frac{\$}{a} \longrightarrow \frac{S_1}{S_2}$$

ヒステリー者のディスクール

$$\frac{a}{S_2} \longrightarrow \frac{\$}{S_1}$$

分析家のディスクール

するためにアルファベットに意味を凝縮させたり、局所論を視覚化するためにグラフを用いていた。しかし、ラカンのマテームは単なる表現方法以上のものである。彼のマテームは、無意識という厳密に形式的なエクリチュールを支える「読めないもの」である。

5 性関係は不可能である。

一九六六年から一九六九年のあいだ、ラカンは「性行為は存在しない」と主張していた。また、性関係については「精神分析における重大な秘密」（セミネール十四巻、一九六七年四月十二日）であるとも述べている。この考えは、『小文字の他者から大文字の他者』（一九六九年三月五日）において再び見いだされる。『テレヴィジオン』では、「性関係の成功を構成するしくじり」について語っている。

一九七〇年代前半、ラカンの言表は「性関係は存在しない」（セミネール十八巻）と改められた。別の言い方をすれば、「性関係について可能なエクリチュールは存在しない」（セミネール十八巻、一九七一年二月十七日）である。しかし、ラカンは次のように付け加えている。「性

男性側		女性側	
$\exists x$	$\overline{\Phi x}$	$\overline{\exists x}$	$\overline{\Phi x}$
$\forall x$	Φx	$\overline{\forall x}$	Φx

$\exists x$（少なくとも一人存在する）

$\forall x$（すべての人）

Φx（ファルスの機能。変数 x）

記号の上に線が引かれた場合、それは否定を意味する

関係を補うのは、まさに愛である」（セミネール二十巻、一九七三年一月十六日）。

一九七一年十一月に、理論的な行き詰まりの中でマテームが作り上げられたことは偶然ではない。というのは、矛盾に満ちているが、精神分析のエクリチュールは記述される（あるいはされない）ことが決して終わらない現実界から構成されているからである。

このエクリチュールの法則は性別化の定式として、上のように記述される。

ラカンの性別化のマテームで用いられた$\forall x$や$\exists x$などは、フレーゲの論理学からの援用である。ラカンによる性別化の基本原理によれば、普遍的な主張は非常に特殊なかたちの否定的な主張によってのみ可能である。つまり、「少なくとも一人、去勢を免れている者が存在する」という主張である。例外が規則を作るというのである。むしろ、その例外と厳密に相対関係にあるものが規則を作るといったほうが正確である。

また、これはフロイトの『トーテムとタブー』で描写された原初的状況と符合している。すなわち、他のすべての男たちがみな去勢され

てファルスの機能に従っているにも関わらず、部族を治める（少なくとも）一人の父は去勢から除外されているというのである。反対に、女性は父殺しの罪を逃れているので、ファルスの機能に拘束されていない。その代わり、大文字の他者の享楽という余分《スプレモンテール》な（補足的（コンプレモンテール）とは異なる）な享楽に（すべての女性がとは言えないが）浴しているのである。もし、この理論を最大限の精密さで適応すれば、父殺しに関するフロイトの「科学的神話」を書き換えることであり、この神話に理論的文節を与えることである。フロイト思想を脱神話化することで、ラカンは内在する真実の機能を精製しようとしたのである。ラカンは、数学的定式主義に適った記述へと委ねることで、フロイト理論における真実を確認し、ラディカルに脱神話化を行なったのである。

フロイトは「リビドーは男性的である」と述べただけで、この問題を放置していた。ラカンは、これを再び取り上げたのである。ラカンは次のように述べている。「フロイトは構造による性的意味を見いだしたときに、性別が関係としての記述に過ぎないのではないかという疑問を呈しておきながら、そこで立ち止まったに違いありません」。ラカンの功績は、そこから一歩を踏み出したことである。彼は、ここにファルスの優位性を見いだした。なぜなら、お互いの性は享楽の演算子と結びついているからである。

同じ時期に「ひとつがある《ヤドラン》」というまじないのような定式が、最後のマテシスとして登場した。「ひ

とつがある」とはいったい何を意味しているのだろうか。それは、多くのシニフィアンの中のひとつが、他のシニフィアンからひとつの群れを起こし、シニフィアンの文節化に影響力を持つという事態を示している。ここで語られているのは、現象と言葉、フレーズ、あらゆる思考のあいだで未解決のまま留まっている、ララングにおい受肉化された「ひとつ」である。すなわち、この「ひとつ」は、主体と知の統一性を保証するものとしての知における主人のシニフィアンである。それは、算術的な意味における「ひとつ」ではなく一神教的な思想における「ひとつ」である。つまり、他のいかなる神をも許容しない「ひとつ」である。ラカンは、パルメニデスやストア派以来、フレーゲやカントールを再読することで、「合流」と「分裂」の次元である「ひとつ」(父/主人)を抽出したのである。「ひとつがある」は、「二つはない」ことを意味する。「性関係」が存在しないと言われるのは、そうした意味においてである。

6　女性と他者

最後に女性性の問題を扱うことにしよう。女性の定式化は、他者の享楽による交替を基礎づけている。女性は、*La*と斜線を伴って表記されなければならない。

女性についての問いが、ラカン思想の絶頂期に抗いがたいものとして出現したのは偶然ではない。一九五八年以降、女性性への参照は、愛の弁証法において、欲望と要求のあいだの間隙を思考することを可能とした。その結果、「女性というもの」の不―在を受け入れ、性関係の不可能性を認なければならなくなった。ラカンが、女性は一人ずつでしか存在しないというのは、こうした文脈においてである。

フロイトが言うには、「精神分析によって未解決の問題はたった一つである。それは、女性が何を欲しているかである」。ラカンは、この謎に対する回答を示したと言える。彼は、謎を謎のままで放置はしなかったが、永遠に享楽の場所にある大文字の他者を出現させた。ラカンは大文字の他者の享楽を探求することを、最後の企てとして提案したのである。

ラカンの読者が、みずからが置き去りにされていると感じるのは当然である。ラカンの知は、それを理解しようとする者を手助けすることを目的としているにもかかわらず、ますます読者にとって難解なものになり、読者はそれを受容することを強いられている。しかし、ラカンがフロイトへの回帰を掲げてから、フロイト思想を再記述することは至上命題であった。ラカンの著書は、それを読むことができる読者を養成することを目的として書かれたのである。

終章　「ラカン思想」とその争点

「フロイトは理解されていません。フロイト自身も理解していないでしょう」

これまで、ラカンに筆による「フロイトへの回帰」を見てきた。ラカンは確信を持って次のように述べている。「人類の現実において、フロイトの経験から得られたもの以上に、多領域に渡るものはありません」。一九五三年、「フロイトのテキストへの回帰」を宣言して以降、この確信はつねに揺るぎない考えであり続けた。

やがて、フロイトへの回帰の先に、「私は何を知っているのだろうか」という問いが避けがたく現われた。この問いへの答えは、大文字の他者の概念によって、「君は知ることができる」という真の形で解き明かされなければならない。と言うのは、「私は何を知っているのか」という問いは、無意識の次元において聞き入れられるからである。この問いが発せられるのは、漠然とした困惑や懐疑的な慎重さからではなく、私というものが纏う本質的な不安からである。「私は何を知ることができるか」は、「思考の禁止」と向き合っている。これは、デカルトが『形而上学的省察第二部』で検討した問題である。デカルトは、「私は何を知っているのか」、「私はどこから来たのか」という問いから、「私はある」、「私は存在する」という答えに至ると考えた。つまり、見せかけの他者を仮定することで「私はある」に至ることができるというのである。これまで見てきたように、ラカンは無意識の主体の前提条件として、デカルト的な確信の主体の概念を引き継いだと言えるだろう。しかし、ラカンはドイツ語圏に『エクリ』を紹介するときに次のように述べている。「語る主体を突き動かしているのは、愛や憎しみではなく無知です」（AE、五五八）。精神分析が、百科事典主義における盲点と言われるのは、こうした点からである。

知に関する主体の問いは、知る権利と結びついている（メディアによる知る権利とは別のものである）。つまり、「私は無意識の真実について知ることが許されているのか」という問題である。フロイトならば「君は可能である」と答えるだろう。ただし、それは「私」としての「君」という分割された主体において可能だという意味である。これこそが、この問いに対する答えに他ならない。ラカンは「フロイトを説明するために発明したものが、今や壁となって立ちはだかるので、私はそれに頭を打ち付けています」と語っている。この壁は「ランガージュの壁」である。重要なのは、いずれにせよ頭を打ち付けるなら、その中でも良い場所つまり「ランガージュの壁」に打ち付けることである。

「ラカン思想」の効果

ラカン思想を横断することとは、「フロイトへの回帰」が果たした効果を再確認する作業であると言えるだろう。

ラカン思想は「自我心理学」への反対表明である。と言うのは、「自我心理学」は自我の同一性や適応に基づいて構築されるが、ラカンは自我を、鏡像的―想像的な次元のもの、「無知の機能」とみなしたからである。これは、フロイトのナルシシズム論を革新することでもあった。ラカンの「文化人類学」は、自我心理学を心理学者の夢想とみなし、それと決別することで生まれたのである。自我心理学を支えているのは、自我が自立しているという夢想である。この夢想はみずからを支配し、コントロールできるというイデオロギーへとつながっている。自我心理学は、二つの意味で過ちを犯している。それは、精神分析が心理学のひとつであると見なしている点、もうひとつは、主体という概念をまったく誤解しているという点においてである。

コミュニケーションというイデオロギーに対する反対表明として、ラカンは主体をランガージュとシニフィアンの秩序へと位置づけた。それは、主体を大文字の他者の秩序に位置づけることでもあった。重要なのは、パロールが、自我から自我へと向けられるものではないということである。ましてや、より良く間主観的な関係を築くことなどではない。

また、ラカンは「対象関係」や「完全な性器的調和」というイデオロギーにも反対して、人間の欲望を欠けた対象へと位置づけた。この欠けた対象を表わすものこそが対象aである。

ラカンのオリジナリティは、現実界、対象a、そしてマテームである。

ラカンは、欠如、分割、消された主体といった概念をつねに強調する一方で、細心の注意を払いながら対象を前面に押し出し、「対象a」を発明したのである。対象aは「狙いを定められた無」である。「対象aの科学」は、欲望の薄暗き対象などというロマンティックな概念とは全く異なっている。対象aの科学は、精神分析を「人間に欠けているものの科学」として開いたのである。これは「対象aに関する知」ではなく「精神分析の科学」である。この対象aは、主体の分裂の中に組み込まれなければならない。精神分析の領域は、対象aによって特殊なかたちで構造化されているのである（E、八六三）。ラカンは次のように述べている。「人間科学というものはありません。なぜなら科学の人間というものが存在せず、人間主体だけがあるからです」（E、八五九）。

ラカンは、フロイトを「再読」しながら、次のような驚くべき主張をおこなった。「無意識はフロイトから来たのではありません。それはラカンから来たのです」。ただし、次のように付け加えていることを見逃してはならない。「しかし、その領域がフロイトのものであることは間違いありません」。つまり、「フロイトの無意識」は、構造的思想として、ラカンの精神分析において成就するというのである。

ラカンはフロイト主義であったか？

ラカンは大がかりなフロイトの再読解を行なったが、フロイト主義を意図的に逸脱させたのではないかと考えることはもちろん可能である。しかし、「フロイトの領域」を巡って展開した企てが、フロイト主義を転覆する原理を含んでいたとしても、それは決して矛盾ではない。

一例を挙げれば充分であろう。フロイトは精神分析家にとってエディプス・コンプレックスが最も重要であると主張したが、ラカンは、エディプス・コンプレックスへの依拠を真っ向から否定している。ラカンは、当初より、エディプス・コンプレックスを攻撃し、「フロイトの世迷い言」(AE、四六五)と言い放ち、「エディプスのシェーマはすべて批判されなければならない」とまで述べている。実際、ラカンの大きな関心は神話的な用法、概念を一掃することであった。この批判を支えていたのは、大文字の他者、小文字の他者、対象、自我(対・主体)という四つ組みの概念による構造である。

こんにちでは、フロイト主義への批判的な言論も見られるようになったが、これはラカンの進歩によりうやく時代が追いついてきたと言えるだろう。つまり、フロイトがエディスプ的な近親相姦を禁止とみなしたのは、ユング主義とは異なり、母を狭い意味での(性的な)禁止の対象ではなく、手の届かない「いわゆる」象徴へと還元したのだという考えである。ラカンのオリジナリティは、欲望に構造的な次元を与え、それを再提示したことである。問題の軸を母の謎めいた欲望へと移動させたのである。そうした意味で、「母が鍵を持っている」のである(セミネール五巻、一九五八年一月二十九日)。

ラカンは、フロイトの欲動論をシニフィアンの理論やマテームによって置き換えていった。その結果、フロイトのメタ心理学は主要な地位を失った。しかし、ラカンはフロイトのメタ心理学から多大な恩恵を受けている。ラカンが、メタ心理学を用いてみずからの理論を正当化していった戦略が本書によって読み取れたのではないだろうか。

「ラカン思想」と現代思想

ラカンは、みずからの独創性について一種の自己定義を行なっている。「フロイトではないもの、もちろん神でも、物書きでもありません」（『シリセット』）。しかし、ラカン思想はフロイト思想で武装されている。また、ラカンは当時の知的世界から「小さな差異」をいくつも引っ張り出し、分析的な原因から何度も方向転換した。それは彼の死の間際になって、「これこれが原因であった」と大文字で記載されるようなものであった。彼は予言者でなければならなかった。

一九五〇年代、言語学の影響によってシニフィアンの理論が生み出された。一九七〇年代、言語学はさまざまな事柄を明確にした。「私が言っていたように、無意識は言語学の条件となり得ます。だからと言って、無意識が言語学に捕らわれているということは全くありません」（AE、四一〇）。一九七〇年代、「ディスクール」と「知」という言葉が、フーコーによって再び活用されるようになった（『ディスクールの秩序』から『知の考古学』までの一連の著作や講演）。これらの言葉は、ディスクールの新しい理論、知っていると想定される主体の理論の練り上げの中で、言語学に反響したり、反撃しながら生まれたのである。ラカンは、精神分析を時代遅れのヒューマニストから引きはがした。彼はフロイト主義がヒューマニズムなどではなく、固有の領域であることを示したのである。フロイトの企てが反ヒューマニズム的なマルクス主義（アルチュセール）や、知の「考古学」（フーコー）と隣接しているのはそのためである。こんにちでは、フロイトへの回帰は「解釈の衝突」とはっきりと一線を画し、「マルクスへの回帰」、「ニーチェへの回帰」と共に位置づけられている。

フロイトは、無意識の主体の発見を、コペルニクスやダーウィン以降の進歩に例えている。彼らによって、人が「地動説」や「生命中心主義」という旧来の立ち位置を失ったのと同じように、精神分析によって、人はそれぞれ固有の精神《プシケ》を持っているという考え方を捨て去らなければならなくなった。人は無意識の衛星のごときものとされたのである。ところが、宇宙論的・生命論的な革新によって、人が己の手の届く範疇を認めることになったかと言えばそうではなかった。反対に、人はヒューマニストな自立を信仰するという想像的なうぬぼれを抱いたのである。したがって、ラカンの思想は人間の立ち位置を揺るがす以上のものであった。ラカンは、そうした自惚れを非難することから知と真実の関係を再検討したのである。

ラカン思想が、精神医学と文学（クレランボーからシュールレアリズム）、哲学と科学、言語学と民族学、数学と論理学をつなぐ巨大なスペクトルの「交換機」として機能したのはそのためである。ラカンの思想は、「学際性」というよりも、（フロイト的）無意識を多領域に投影したものであった。結局、フロイトの企ては、社会の絆の問題に繋がっている。というのは、無意識の主体は、まさに集団の主体だからである。ラカンは集団の理論を導入したと言えるだろう。

ラカンと精神分析の未来

精神分析に未来はあるだろうか。ラカンにとって、精神分析は真実の価値を作り上げる企てであった。ラカンはこの問いに独特の言い回しで答えている。「あなた方は、精神分析によって人類が癒されるのを見るでしょう。精神分析は意味の中に耽溺《たんでき》することを強いることによって症状を消すことができるのです。耽溺すると言いましたが、それはもちろん宗教的な意味においてです」。ここで、症状が精神分析家自身であったことを思いだそう。「分析家は、そこで症状として立ち現われます。分析家は症状というかたちでしか存続することはできません」。近年では、認知行動療法などの技術的な発展によって相対的な指標が重視され、あらゆる病因論が放棄される傾向が強まっている（たとえばＤＳＭ）。したがって、精神分析を科学の主体や真実の機能によって再び筋立てて説明することが重要である。ラカンは、次のようなフロイトの言葉を引用している。それはフロイトが、ニューヨークに招待されて、自由の女神を前にしたときに、ユングに向けて語った言葉である。「アメリカ人は、私たちが災いの種をもたらしたことを理解していません」（Ｅ、四〇三）。ラカンは、一九五五年のウィーンにおける歴史的な講演のなかで、みずからがこの厄災に対する解毒薬をもたらす者であると語っている。彼はみずからの企てを、フロイトの言葉の後ろ盾のもとに位置づけたのである。しかし、結局のところ、ラカンも知的安楽という新たな厄災をもたらしたに過ぎないのだろうか。あるいは、フロイトから半世紀経って現われた、新世界を切り開く有望な驚異と成り得たのだろうか。ラカンは「フロイトが発見した謎めいたトラウマ主義は、内に秘められた願望などではありません」（E、八一一）と主張しながら、フロイトの実り豊かなトラウマ主義を再活性する候補者として名乗りをあげたのである。そして、最後に、彼は次のように宣言して候補者の座を降りた。「私は自分が理解されるという期待を一切持っていません」。

フロイトは、精神分析と宗教的な夢想の未来に対する抵抗をいずれも強調している。しかし、ラカンは宗教については楽観的な見通し、精神分析については悲観的な見通しを予言している。逆説的だが、「ラカン主義」の争点は、症状としての現実的抵抗力、真実から意味の夢想や想像的な活力を作り出す力を高めることであった。

それらは、真実と言辞についての図に帰せられるだろう。

科学、真実、似姿

「知っていると想定される主体」から「マテーム」まで、ラカンにとって、知はつねに本質的な問題であった。知に対するラカンの態度は、文字通りラディカルなものであった。一九六四年、ラカンは「精神分析は科学であろうか」、「精神分析が科学に含まれるならば、科学とはいったい何であろうか」という問いを巡って、「ラディカルな計画」（E、一八七）を記述している。ラカンは、「精神分析が、みずからの科学の倫理から、無意識の存在について説明責任があるのだと感じさせてもらいたいものだ」と述べている。「科学は主体を消滅させるイデオロギーである」（AE、四三七）ことを覚えておこう。

それに伴い、ラカンは無意識の真実という機能を再導入した。これは論理的な必然であった。ラカンは次のように述べている。「自我、真実、私は語ります」、「真実は語ります、〈私は語る〉と」。この衝撃的な定式は、パラノイア的な思い上がりではなく、パロールが主体の真実に定着していることを示している。症状は原因として真実を所有している。ただし、真実は「虚構の構造」を有していることも忘れてはならない。これは主体の分裂に関与している。実際、フロイトは真実と知のあいだの継ぎ目を動かしたのである。ラカンはスピノザと同一視されることを嫌がらなかった。そして、精神分析的な思想の留め具を緩めるために、分析的行為についての理解が改められなければならないと述べている。晩年のラカンが「似ている」という形容詞を、「似姿」という実詞に昇格させたことは偶然ではない。これはディスクールが、似姿ではないことを思い起こさせるためである。この言葉が最も用いられたのは、一九七二年六月のセミネールにおいてである。「明らかにされているもの、つまりアレティアほど隠されたものは無い」という格言を思いだそう。ラカンによれば、フロイトはアクタイオン(1)の役割を引き受けている。つまりフロイトの背後に、真実の犬たち、強情なアルテミスが猛っていると言うのである。

（1）アクタイオンはテーバイの若い狩人である。彼はアルテミスの入浴中の裸体を目撃したため、報いとして鹿に姿を変えられ、連れていた自分の犬に食い殺された〔訳注〕。

ランガージュの倫理：ロゴスとテュケー

「私は持続するよ persévère」。ラカンが死ぬ前に発した言葉である。これは、厳格な父 père sévère の言葉遊びである。一九六六年に、彼は「私は、死ぬ前に発展させなければならない事柄をやり遂げることができませんでした」と述べている（ボルチモアのシンポジウムにて）。「私は持続する」と言ったのは、ようやく死によって大文字の他者を取り戻すことができる安堵であったのだろう。彼の「メッセージ」は、未来に向かって生き生きとしたまま残されている。彼の言葉は浪費されることなく、再発見されながら読まれなければならない。ヴィトゲンシュタインが、語り得ぬことについては「沈黙」しなければならないと言ったのと反対に、ラカンは語り続けた。彼は、雄弁術の美学の名の下に、フロイトの「敢えて知るべし」の格言に忠実に従ったのである。また、「半分だけ語る」という至上命令にも従順であった。われわれのランガージュでは、真実の上に真実を語ることができないことを知っていたからである。真実はそれを語る者から作られるのである。

サルトルは、欲望を無用な情熱であるとみなした。それに対して、ラカンは欲望を「シニフィアンの情熱」によって支えられるものであると考えた。ラカンは、次のような忘れがたい方法で注意を喚起している。「精神分析は、その最初の責任が言語学の場所にあったことを忘れてしまってから、もはや何でもなくなってしまいました」（E、七二一）。ラカンは、主体が欲望できるのは大文字の他者としてであることを喚起させることで、人間の情熱における真の射程を計ろうとしたのである。

フロイトは、ロゴスとアナンケー〔ギリシャ神話の女神で、運命、不変の必然性、宿命が擬人化されたもの〕の二つ以外に神性を知らないと述べている。ラカンは、ロゴスを言葉《ベルブ》によって、アナンケーを〔現実界の姿である〕テュケーによって置き換えながら、フロイトの信仰告白を引き継いだと言えるだろう。分析家は、フロイトの欲望にすっかり虜にされている。もはや、みずからの外部に存在する現実の神秘に接近することを望まずにはいられないのである。

訳者あとがき

本書は、Paul-Laurent Assoun, *Lacan* (Coll. « Que sais-je? » N°3660, 2ème édition P.U.F, Paris, 2009) の全訳である。

私にとって、ポール＝ロラン・アスン氏の著作を翻訳するのは、『フェティシズム』（文庫クセジュ、九三一番）に続いて二度目である。『フェティシズム』のあとがきでも書いたが、アスン氏は、私のパリ第七大学の指導教官であり（フランスらしい事情によりわずか一か月であったが）、私が最も尊敬する精神分析界の理論家である。本書を翻訳することになったのは、そのような縁もあって、当時の編集者より依頼されたのである。その時、私は非常に当惑した。私は門外漢とは言えないにしても、ラカンの専門家ではないため（私の専門は「精神分析における集団の問題」と「国際保健」である）、ラカン思想の解説本を翻訳するのは、あまりにも難事業だと思われたからである。しかし、それでも結果的に引き受けることになったのは、本書がラカンの入門本として傑出したところがあり、世の中に出してみたいと思ったからである。

私からみて、本書が数あるラカンの入門書の中で傑出していると思われる点は二つある。一つ目は、後半のラカン思想を含めた網羅的な解説本であること。少なくとも日本語で読める入門書に、後半のラカンの思想を幅広く扱ったものはない。二つ目は、ラカンのシェーマやグラフにこだわり過ぎず、彼の思考過程を丹念に追跡している点である。ラカンの解説書のほとんどが、彼の謎めいたシェーマやグラフの解説本になっており、ラカンがそうしたシェーマを導入した思想的な背景についてはほとんど触れられていない。これは非常に残念なことである。なぜなら、ラカン自身がフロイト思想を時系列に整理し、構造的に読み解いていったからである。そうしたラカンの実践を学んだ者たちが、ラカンの教えを教義として伝道していったことは歴史の皮肉と言えるだろう。本書の著者、アスン氏は、ラカン思想を、いかにもラカン的に読解する数少ない思想家であると思われる。本書においても、シェーマやグラフには短く解説が加えられている程度で深入りはしていない。その代わりに、当時の思想的な争点や、ラカンが取った行動が示されており、ラカン思想を変遷として追うことができるようになっている。

翻訳者として、これを言うのはためらわれるが、正直なところ、私はラカンのシェーマやグラフが何を意味しているのか良くわかっていない。通常、翻訳書を出版するには、書かれてあることが（誤解はあったとしても）完全、あるいは背景を含めると完全以上に理解できていなければならない。ところが、本書に関して、私の理解している割合はせいぜい七割、あるいは半分程度かも知れないというのが正直なところである。しかし、ラカンがいかなる問題と格闘していたのかについてはおおむね理解しているつもりである。

わかりやすくするために、例として、私の経験をとりあげよう。私が四国の大学を卒業し、岐阜大学の精神科教室に入局したとき、母から非常に奇妙なことを聞いた。それは「あなたの父（母から見て夫）は、岐阜県出身だと聞いたことがある」というのである。私は、父が九州生まれの大阪育ちであると聞いていたので、当時非常に驚いた。つまり、精神分析や精神病理学の勉強をしようと、みずからの意志によって岐阜大学を選択したつもりであったが、それも定められた運命であったのかと（しかも、確かに、西尾家のルーツは大きく二つあり、岐阜県と大分県である）。ところが、数年経って父に確認したところ（なぜか父に確認するのに数年の歳月を必要とした）、やはり大分県の出身であった。そもそも、自分の夫の出身地が「どこどこだと聞いたことがある」という曖昧なかたちで語られることが奇妙である。これは、実際に母の口から発せられた言葉ではないと考えるのが自然だろう。では、どこから聞いたというのだろうか。それは、私がみずからの人生の転機において「汝何を欲するか」という問いに直面し、その答えを大文字の他者から受け取ったに違いない。

また、大文字の他者については、次のような体験が思い出される。これは研修医の時のことであるが、自分には精神科領域と身体科領域に、それぞれひとりずつ師匠と呼べる先輩医師がいた。そのふたりから、またしても奇妙なメッセージを受け取ったのである。前者からは、「自分の研修医時代は何もわからず大変だった。どうすれば良いかわからないので、病棟の看護師さんのお尻を年齢の高い方から順番に触っていた」、後者からは「昔の医学部は自由だったので、学生時代にアダルトビデオに出演したことがある」という話である。両者ともに、その領域では尊敬されている医師であったので、私は非常に驚き、その話を多くの人にした（と思う）。ところが、この体験も数年の後に確認したところ、そのようなことを言った事実はないというのである。前者については、未だに「きっとあったのではないか」と思わないでもないが、重要なことは、実際にその事実があったかどうかではない。その時に、私がそうしたメッセージを受け取っていたということである。これは、大文字の他者の享楽に他なるまい。重要なのは、私にとって権威を象徴する二人が、かつて享楽を有しており、しかも、それは既に禁止されているという事態である。あるいは苦悩の体験として伝えられたという事実、さらに言えば、それを私が多くの人に語ったという事態である。人は人生において、しばしば、こうした謎めいたメッセージをいずれからか受け取っている。そして、こうしたメッセージが私というものを支配している。いや、もっと正確に言えば、私というものと分かちがたく結びついているのである。

神経症者や精神病者が語る、こうした謎めいた記憶を徹底的に聞き取り、それが私というものの成立に関与していることを発見し、途方もない努力によって理論化し、治療論にまで推し進めたのが、フロイトであり、ラカンであったのだろう。近年、精神分析学は無意味な学問であると言われることが多いが、私はそうは思わない。「お前は何者であるか」「お前は何を欲するか」という問いが、人間の存在と分かちがたく結びついている以上、精神分析が打ち立てたアプローチが無価値になることはあるまい。ただし、それは精神分析が、つねに根源的な問いに立ち返る限りにおいてである。私が本書を訳したいと思ったのは、ここにある。つまり、本書が単なる「ラカン思想の解説本」に留まらず、ラカンが立ち向かった問題と、そこで彼が何をしようと考えたのかに重点が置かれているからである。そこで、ラカンがどのような回答を導き出したのかについて、正直なところ、私にはわからないところが多いが、ラカンの心意気は理解しているつもりである。これから精神分析を学ぶ人たちが、この心意気の部分を見失わないことを、私は望む。

さて、本書を翻訳するにあたり直接的な御指導はいただいていないが（本書の翻訳依頼を受けたとき、私は都会から遠く離れた飛驒の病院に勤務していたのだ）、これまで係わった多くのラカン関係者の方々の影響を受けた。また、今回から編集を担当していただいた浦田滋子さんには、多くの訂正を入れてしまい大変お世話になった。あわせて、感謝を申し上げる。

二〇一三年二月

西尾彰泰

参考文献

ラカン自身の著作については、36 〜 41 頁を参照のこと。
以下は、数あるラカン関係の本の中でも、ラカンが精神分析に与えた影響を包括的に研究したものだけを取り上げた。

Allouch Jean, *Freud, et puis Lacan*, EPRL, 1993.

Andrès Mireille, *Lacan et la question du métalangage*, point Hors Ligne, 1987.

Baas Bernard, *Le désir pur*, Louvain, éd . Peeters, 1992.

Braunstein Nestor, *La jouissance*, Point Hors Ligne, 1992.

Charraud Nathalie, *Lacan et les mathématiques*, Anthropos, 1997.

Cottet Serge, *Freud et le désir de l'analyste*, Le Seuil, « Navarin », 1996.

Dor Joël, *Introduction à la lecture de Lacan*. Denoël, 2 vol., 1985; 1992.

Dor Joël, *Nouvelle bibliographie des travaux de Jacques Lacan*, EPEL, 1994.

Henrion Jean-Louis, *La cause du désir. L'agalma de Platon à Lacan*, Point Hors Ligne, 1993.

Julien Philippe, *Pour lire Jacques Lacan*, EPEL / Le seuil, 1990.

Juranville Alain, *Lacan et la philosophie*, PUF, 1984.

Le Gaufey Guy, *Le lasso spéculaire*, EPEL, 1997.

Milner Jean-Claude, *L'Œuvre claire*, Le Seuil, 1995.

Nasio Juan David, *Les yeux de Laure. Le concept de l'objet a dans la théorie de J. Lacan*, Aubier, 1987.

Porge Erik, *Les noms du père chez Jacques Lacan*, Érès, 1997.

Porge Erik, *Jacques Lacan, un psychanalyste. Parcours d'un enseignement*, Érès, 2000.

Roudinesco Élisabeth, *Jacques Lacan. Esquisse d'une vie, histoire d'un système de pansée*, Fayard, 1993.

Vanier Alain, *Lacan*. Les Belles Lettres, 1998.

Zafiropoulos Markos, *Lacan et les sciences sociales*, PUF, 2001.

本書は2013年刊行の『ラカン』第1刷をもとにオンデマンド印刷・製本で製作されています。

訳者略歴

西尾彰泰（にしお・あきひろ）

1997年、愛媛大学医学部卒業。岐阜大学精神医学教室に入局。2000年、Axe-Marseille大学（仏）にて臨床研修医として勤務。2001年、パリ第7大学精神分析学部博士課程に入学（2003年まで）。DEA論文は「集団の心理現象について」。2003年より、岐阜大学附属病院助手、須田病院、松蔭病院などに勤務。2012年、岐阜大学保健管理センター准教授。

著訳書

『精神病理学の蒼穹』（共著、金剛出版）、『妄想はなぜ必要か――ラカン派の精神病臨床』（翻訳、岩波書店）、『フェティシズム』（翻訳、白水社文庫クセジュ）、『性倒錯』（翻訳、白水社文庫クセジュ）、『精神医学キーワード事典』（共著、中山書店）、『喪の悲しみ』（翻訳、白水社文庫クセジュ）、『精神科・私の診療手順』（共著、アークメディア）、『美しい花模様で始めるアートセラピー　アンチストレスぬりえ』（監修、美術出版社）、『アンチストレスぬりえ　心がポジティブになる！ デザインパターン』（監修、美術出版社）。

文庫クセジュ　Q 978

ラカン

2013年3月30日　第1刷発行
2019年5月20日　第3刷発行

著　者　ポール=ロラン・アスン
訳　者 ©　西尾彰泰
発行者　及川直志
印刷・製本　大日本印刷株式会社
発行所　株式会社白水社
東京都千代田区神田小川町3の24
電話　営業部　03（3291）7811 / 編集部　03（3291）7821
振替　00190-5-33228
郵便番号　101-0052
www.hakusuisha.co.jp

乱丁・落丁本は，送料小社負担にてお取り替えいたします．

ISBN978-4-560-50978-4

Printed in Japan